吉村文雄 著

ホスピタリティ産業の戦略と会計
——サービス管理のシステム情報戦略——

東京 森山書店 発行

序　文

　ホスピタリティ産業の戦略と会計を書き終えるまでに，かなりの時間をかけてしまった。ツーリズムやサービス産業の戦略的会計を上梓したいと考えたのは，実は今から 40 年以上も前のことになる。小生が当時勤務していた大学から研修留学生として派遣されたミシガン州立大学には，Kellogg Center という聞き慣れた冠の付いた大きな建物があって，そこにホテル・レストランのマネジメント学部が設置されていたのである。聞くところによれば，コーンフレークの王様とも呼ばれていた Kellogg さんが亡くなる前にこれからはホテルマネジメントが重要になると説いて与えた多額の寄付金により校舎とともに学部を創設することになったというのである。建物は現在でも当時のままで学生・院生の研修のためにも利用されるホテルおよびレストランが敷設されている。その後，幾度か大学を訪ねては，大学敷地内にある Kellogg Hotel & Conference に宿を取りながら資料の収集にあたってきた。ところが，今から何年か前に大学を訪ねたときに学部が消えていたのである。学部のメンバーに聞くと，これまでの学部は，内容を部分的に存続させながらホスピタリティ学科として再編することになったというのである。しかし，今日ではこのホスピタリティという名称が全米の各地の大学に普及し学部，学科として開設され，研究者もかなりの数に登っていることを考えれば，当時世界的にも希少な学部ではあったその学部が変貌を遂げるに至ったのにも納得できるところがある。

　筆者は，当初ホテルマネジメントに関する著作をまとめたいと考えていたが，状況が変わったこともありタイトルも内容も一新することにした。『ホスピタリティ産業の戦略と会計』は，企業会計や複式簿記について詳述することを目的とするものでなく，学生，およびホスピタリティ産業において将来キャリアを積みたいと願っている管理者や従業員にホスピタリティの計数管理技法を組織においてどのように活用したらよいのかを知ってもらうことに狙いがあ

る。その意味では，初級コースの教材として利用していただければありがたい。本書は，ホスピタリティおよびそれによる産業の計数管理について論じるのが目的であるが，サブタイトルを「サービス管理のシステム情報戦略」としたのは，ホスピタリティの経営情報や計数的手段が一般に呼称されているサービス業にも広く適用できると考えたからである。その意味で，企業のサービス部門にも適用できる技法を含むと考えている。次に，本書の構成について簡単に述べておきたい。

第1章は，ホスピタリティの概念を説明するとともに，本書がホスピタリティ産業に焦点を絞って論ずることの意義を明らかにしている。引き続いて，組織における経営戦略プロセスの肝心要のところを述べることになる。本章において，経営戦略を取り上げるのには理由がある。ホスピタリティ企業においては，歴史的にも戦略が企業の命運を決するほどに極めて重要な役割を担ってきているからである。さらには，今後戦略的思考の枠組みが大幅に変化していくとみるからである。

第2章では，第1章で取り上げた経営戦略の実行を保証するための管理会計技法の枠組みを取り上げる。ここは第4章以降で論ずる管理会計技法そのものの基本的枠組みを明らかにする。

第3章では，ホスピタリティ企業の環境分析になる。なかでも，業界の将来像を探る市場調査に関する財務分析の要点を取り上げる。

第5章と第6章では，原価の基礎概念を説明し，その上で損益分岐分析を詳述する。基本的な計画技法を説明したところで，第7章は，会計手続きと予算・在庫管理との関係を論ずることになる。

第8章と第9章では，原価管理を取り上げるが，最新の技法を提示するように努める。とくに，ABCに関しては物量的尺度の有効性について強調するであろう。

第10章では，ホテルの客室料金やレストランのメニューの価格決定方法について述べている。ここでは，ホスピタリティ産業に固有の価格決定方法について論ずるであろう。

第11章において，設備投資の経済性計算について述べる。この課題は，通常資本予算論のなかで議論されているので　資本調達の面と資本投資の面との相関関係を踏まえて分析されるが，本章では，後者の資本投資の面のみについて述べている。

第12章は，現金と運転資本の管理について述べている。

本書は，事例研究を紹介するかたちで適宜にそれを挟んで説明を加えている。問題解決に役立つであろう。

本書は，以下の研究者の業績がなければ完成させることができなかった。その意味でも，大変感謝を申し上げなければならない。戦略および事例研究について，Matt A. Casado，ホスピタリティ管理会計および各章の設問について，Martin G. Jagels および Richard Kotas の業績に負うところが大きい。章ごとに問題と解答を示しているが，Jagels のモデルを参照している箇所が多くある。また，管理会計について，Arnold Schneider と Harold M. Sollenberger にご教示をいただいた。とくに，ミシガン州立大学の Sollenberger 教授には40年以上も前からご指導をいただいて，貴重な資料の提供をいただいてきた。ここに改めて謝意を申し上げたい。また，こうした人たちの業績だけでなく，多くの方々の研究によって曲がりなりにもできあがった著書であることは肝に銘じている。その業績は，巻末に掲載させていただいた。

なお，本書の出版にご貢献をいただいた，有限会社　森山書店の菅田直文社長および土屋貞敏編集長に深く感謝申し上げるとともに，大変お世話になり改めてお礼申し上げる。

2013年5月

吉　村　文　雄

目　　次

第1章　ホスピタリティ・ビジネスと戦略の展開 …………… 1
　1　ホスピタリティとは何か ………………………………… 1
　2　ホスピタリティ産業と成長戦略 ………………………… 4
　3　戦略的経営における主要課題 …………………………… 7
　4　経営戦略の革新 …………………………………………… 9
　　1　内外の推進力 ………………………………………… 10
　　2　新しいパラダイム …………………………………… 10
　5　戦略の立案プロセス …………………………………… 13
　6　戦　略　的　思　考 …………………………………… 16
　　1　ＳＷＯＴ分析 ………………………………………… 18
　　2　戦　略　の　選　択 ………………………………… 19

第2章　戦　略　的　管　理 …………………………………… 27
　1　コントロールの機能 …………………………………… 27
　2　戦略の実施とマネジメント・コントロール ………… 30
　3　ホスピタリティ活動の管理 …………………………… 30

第3章　市　場　調　査 ………………………………………… 35
　1　市場調査の要点 ………………………………………… 35
　2　需　要　供　給　分　析 ……………………………… 36
　　1　地域における現在の需要量 ………………………… 36
　　2　成　長　率　予　測 ………………………………… 37
　3　財　務　分　析 ………………………………………… 38
　　1　プロジェクトの財務計画 …………………………… 38

第4章 財務分析 …… 47

1 財務分析の体系 …… 47
- 1 収益性分析 …… 50
- 2 安全性分析 …… 51
- 3 効率性指標 …… 53

2 生産性分析 …… 55
- 1 付加価値の意義 …… 55
- 2 生産性分析の方法 …… 56

3 分析結果の評価 …… 59

第5章 原価の基礎概念 …… 63

1 原価動態と原価 …… 63

2 費用の分解 …… 63
- 1 スキャッターグラフ法 …… 64
- 2 最高最低法 …… 65
- 3 最小二乗法 …… 66
- 4 個別費用法 …… 68

3 計画設定と統制のための原価概念 …… 69
- 1 直接費と間接費 …… 69
- 2 共通費と連結原価（ジョイントコスト）…… 69
- 3 間接費と原価配分 …… 70
- 4 関連原価と無関連原価 …… 70
- 5 増加原価と平均原価 …… 70

第6章 意思決定のための原価-営業量-利潤関係分析 …… 73

1 CVP分析の前提 …… 73
- 1 CVP分析技法に固有の前提 …… 73
- 2 CVP分析の適用領域 …… 74

3　固定費と変動費の関係 …………………………………………… *74*
　　　4　損益分岐図表 …………………………………………………… *76*
　　　5　損益分岐分析 …………………………………………………… *78*

第7章　予　算　管　理 ……………………………………………… *93*
　1　予算管理の意義 ……………………………………………………… *93*
　2　予算管理の要素 ……………………………………………………… *94*
　　　1　予　算　期　間 …………………………………………………… *94*
　　　2　外　部　環　境 …………………………………………………… *94*
　　　3　内　部　条　件 …………………………………………………… *94*
　　　4　予算編成組織 …………………………………………………… *95*
　3　予　算　体　系 ……………………………………………………… *95*
　4　予　算　原　則 ……………………………………………………… *96*
　5　予　算　計　画 ……………………………………………………… *97*
　　　1　予算作成プロセス ……………………………………………… *98*
　　　2　変　動　予　算 …………………………………………………… *106*
　6　予算差異分析 ……………………………………………………… *110*

第8章　原　価　管　理 ……………………………………………… *123*
　1　標準原価管理 ……………………………………………………… *123*
　　　1　原価標準の設定 ………………………………………………… *124*
　2　差異報告書 ………………………………………………………… *128*

第9章　アクティビティ・ベースト・コスティング（ABC）… *131*
　1　ABCの意義 ………………………………………………………… *131*
　2　ABCの計算構造 …………………………………………………… *132*
　　　1　ABCモデルのデータ …………………………………………… *132*
　　　2　ABCの計算プロセス …………………………………………… *133*

3　伝統的な原価計算との比較 …………………………………………… *135*
　③　ＡＢＭ ………………………………………………………………………… *136*
　④　制約理論 ……………………………………………………………………… *137*
　⑤　活動基準予算管理（ABB） ………………………………………………… *138*
　⑥　その他の原価管理 …………………………………………………………… *139*
　　　1　品質原価 ………………………………………………………………… *139*
　　　2　原価企画（Target Costing） ………………………………………… *143*

第10章　価格決定―収益管理とボトムアップ・アプローチ ………… *151*
　①　価格設定方法とその特徴 …………………………………………………… *151*
　②　価格決定戦略 ………………………………………………………………… *153*
　③　収益管理 ……………………………………………………………………… *155*
　④　ボトムアップ・アプローチの計算構造 …………………………………… *158*
　⑤　平均単価の計算 ……………………………………………………………… *159*
　　　1　レストランの価格決定 ………………………………………………… *159*
　　　2　メニュー価格の算定 …………………………………………………… *160*
　　　3　メニューエンジニアリング・ワークシート ………………………… *162*
　　　4　メニューエンジニアリング―業績管理と修正行為 ………………… *165*
　　　5　ホテルの客室料金の計算 ……………………………………………… *170*

第11章　資本予算と投資決定 ……………………………………………… *179*
　①　資本予算の意義 ……………………………………………………………… *179*
　②　資本投資決定 ………………………………………………………………… *180*
　　　1　キャッシュフロー ……………………………………………………… *180*
　　　2　投資案の評価方法 ……………………………………………………… *181*
　　　3　資本コスト ……………………………………………………………… *186*
　③　貨幣の時間価値と利子要素 ………………………………………………… *187*
　　　1　複利合計 ………………………………………………………………… *187*

2	現在価値	188
3	年金の複利計算	189
4	年金の現価	190

第12章 キャッシュフローと運転資本分析 … 197
1 キャッシュフロー分析 … 197
2 運転資本分析 … 201
1 運転資本分析の意義 … 201
2 資金運用表の作成 … 202

索　引 … 215

第1章 ホスピタリティ・ビジネスと戦略の展開

① ホスピタリティとは何か

　ホスピタリティの戦略と会計を述べるまえに，ホスピタリティという語と類語との違いやそれがどのようなかたちで組織に導入されるのかを理解できるようにしておきたい。

　ホスピタリティという語は，ホスピタリティ・ビジネスがサービス業において個人企業とは異なるグローバル企業または公開会社のビジネスという意味で一般的に用いられるに至ったときから，とりわけ注目されるようになった。したがって，その意味内容すなわち概念を把握する場合に，従来のサービスの概念との関連または違いを明らかにする必要があった。そこで，ホスピタリティについての考え方を明らかにする場合，サービスを異なる角度から見直し，それを踏まえてホスピタリティの特徴や外延を捉えるというやり方が一般的に行われる方法となる。

　サービスは，ラテン語のservusが訛音化して一般に使われるようになったといわれ，servantやslaveという言葉も同様にそこから派生したものであるといわれている。それ故に，サービスは，奴隷概念を内包する語であり，そこには上下関係の明確性が含まれ主人に奉仕する従者という関係のうえに成り立つ概念とされている。今日の経済学的な考え方によれば，サービスは効用の提供という意味を持つので，価値的に捉えられることもある。この意味で，サービスの提供側には，一般に，技術的合理性または機能主義的役割の発揮が強く求められる。それとともに今日の企業経営では顧客中心主義が唱道されることになるのである。なお，このサービスは，財の属性として認識され価値評価の対象とされることもあるので注意を要する。

　これに対し，ホスピタリティの語源は，ラテン語のhospesであるといわれ

ている。そうであれば，その意味は「客をもてなす人」であるから，そこでのhost主人とguest客人との関係は対等な水平的なものとして理解することができるであろう。それ故に，ここでのホスピタリティは，待遇，歓待，保護を意味するとともに，その考え方も主客の互恵的人間関係を志向する相互性によって導かれるとされる[1]。

　さて，このように理解するホスピタリティであるが，それが企業組織においてどのような機能を期待されるかをみていくことにする。ここでは，はじめにこれをマネジメント・モデルと結びつけてみていく方法をとることにしたい。そうすると，サービスが主従関係モデルと結びつくので，組織の上下の関係つまりトップダウン型のコントロールがサービスを理解するのに相応しい概念となる。これに対しホスピタリティは人間的相互主義モデルと結びつくので，トップダウン型とボトムアップ型を組み合わせた調整型コントロールに適応するとみることができる。こうした組織コントロールは，組織における基本的な管理機能であり，管理機構におけるフィードフォワードとフィードバックのシステムの導入によって効率化するプロセスである。換言すれば，組織コントロールは，各ステークホルダーとの調整を経て実行可能な目標として設定される組織目標とこの目標の達成を可能にする組織行動を保証する管理機能である[2]。ここでは，サービスとホスピタリティの機能がこうしたコントロールのモデルのもとで，すなわちコンフリクトがあらわれる状況を踏まえて把握できるとみるので，サービスは調整型コントロールの枠組みのなかに浸透しているとみる必要がある。そのことは，サービスがホスピタリティに組み込まれていること，および組織のマネジメントと諸活動のシステムにおいて両者は不可欠な要素であることを意味する。

　次に，やや膨らましてみていくことになるが，企業を取り巻くステークホルダーズを含めてそれを組織と捉えれば，この組織が人，物，金（カネ）の経営資源からなるとしても，ここでは主として人に注目しなければならない。こう

（1）　このような見解は，次の著書に明確に示されている。参照されたい。服部勝人『ホスピタリティ・マネジメント学原論』（丸善株式会社，2006）
（2）　組織コントロールと調整機能について，ここでは詳細に論ずることはしない。拙著を参照されたい。『組織の会計論』（森山書店，2010）。

した企業組織の側面においてはコミュニケーションの行為がそれを関係づける手段が何であれ存在するから，マネジメントでは，直截にいえば，組織コントロールを支えるコミュニケーション行為が重要な課題となるのである。たとえば，内部の組織成員は，顧客との関係においても，コミュニケーション行為を通して目標達成に努める必要がある。この行為は，ステークホルダーとしての株主，債権者，経営者等と同列にある顧客との関係において遂行されなければならない。すなわち，成員としての従業員には組織目標のもとでの行為が求められるので，その意味では組織コントロールが目的となりそのためにサービスとホスピタリティがコミュニケーションを担うとみることができる。もちろん，両活動のコミュニケーションには違いがあるであろう。

一例のみをあげれば，サービスのコミュニケーションは，コストに結びつく道具立てを顧客に対し提供することを可能にするのに対して，ホスピタリティのそれは，むしろメンバーシップを促す役割を期待されるであろう。そうであれば，サービスにおけるコミュニケーションは，目的合理的な行為としての効率化を重視することになるであろう。これに対し，ホスピタリティにおけるコミュニケーションは，やや性急にいえば，共同体的なコミュニケーション的行為[3]の合理化を重視するであろう。別言すれば，従業員によるホスピタリティの活動は，組織コントロールの実現を図る諸活動のなかで，顧客に対しオープンに対応することを含め，顧客に相対する行為といえる。こうした行為にはさまざまな態様があるし複雑でもあるが，本来のホスピタリティの考え方に基づく活動は，能動的で真摯なコミュニケーション的行為であり相互行為であるから，目的手段的なサービスでは十分になしえなかった仮説的対応や課題の解決を可能にする活動である。この行為をここでは意思決定機能の遂行とみることにする。

さて，組織の観点から捉えると，近年のサービスからホスピタリティへの重

---

(3) コミュニケーション的行為は，「コミュニケーション行為」とは異なる意味で使用しているので，注意していただきたい。その行為は，ホスピタリティに相応しい双方向的な対話の行為を意味する。詳細は，次を参照されたい。Jurgen Harbermas, *Technik und Wissenshaft als Ideologie*, 長谷川宏訳『イデオロギーとしての技術と科学』(平凡社，1970)。*Teorie des Kommunikativen Hanndels*, 邦訳書『コミュニケーション的行為の理論』(上・中・下)(未来社，1985-1987)

点移動は，サービスの合理化が環境適合性を喪失しそれがホスピタリティの合理化をもたらしたことによりサービスがホスピタリティに組み込まれることを意味する。この潜在化したサービスの側面は，ある制度的枠組みのもとでサービスの機能を合理的に発揮することができるものである。それは，いわゆる目的合理的行為と呼ぶに相応しいものといえる。このような変遷の過程には，二項対立的な言い方をすれば，機能主義的行為からコミュニケーション的行為への移行，さらに企業中心主義または顧客中心主義から顧客優先主義への移行が含まれるであろう。このように，今日のホスピタリティは，目的合理的，コミュニケーション的，および顧客優先の相互行為となる。それをここでは情報に媒介された意思決定行為と呼ぶことにする。組織の成員は一人一人が真摯にマネジメントや業務活動を能動的に遂行する必要がある。それらの積み上げが組織の総合的調整を可能にし，価値創造をもたらすであろう。

　サービスとホスピタリティのそれぞれの特徴と関係性について，組織をモデルにおいて捉えてきた。そして，サービスがホスピタリティに組み込まれていること，さらにホスピタリティは組織に調整を可能にさせる活動であると論じてきた。その意味で，ホスピタリティの機能は，目的合理的行為を伴うコミュニケーションと意思決定であるといえる。再言することになるが，このコミュニケーションには，サービスのコミュニケーションが含まれることはいうまでもない。

2　ホスピタリティ産業と成長戦略

　さて，本書はサービス産業の中枢としてのホスピタリティ産業について論じるので，二つの視点が必要になる。一つは，上で取り上げてきたホスピタリティを取り扱う産業をホスピタリティ産業セクターとして把握することである。二つ目に，企業と顧客とを結びつけるものを戸外における財とサービスと捉えることである。

　このようにみると，ホスピタリティ産業の定義は，以下のように広狭二義に分けることができる。狭義には，ホテル経営者の視点，レストラン経営者の視点，旅行代理店の経営者の視点および航空会社の経営者の視点などが代表例で

あり，それぞれが食事と飲み物の提供を伴う客室，良質の食堂，ビジネスマンや娯楽を楽しむ人々に旅行を案内するというような観点からの課題を抱えているので，こうした課題を事業目的の関心事とみてそこに焦点を置いて捉えるのである。この視点と結びつくカテゴリーをここではホスピタリティ産業セクターと呼ぶことにする。これまでの産業分類としての捉え方をすれば，観光業がこれに当てはまるであろうが，経営の面においては接客と経営者の機能が注目されることになる。これに対し，広義には，戸外で消費する人々に提供される財とサービスという視点から定義されるので，財・サービスと消費との結びつきが強調されることになり，戸外での消費の視点から規定される点に特徴がある。わが国での分類法によれば，観光業に留まらず消費関連産業も含むといえるが，前者と異なって消費者の視点から規定されるところが注目される。こうしたなかで，上述のようにホスピタリティの社会的側面は主客の対等な相互行為を求める活動であるから，敷衍していえば財やサービスに媒介された主客の対等な相互性を求める考え方に基礎をもつことから各種の産業への展開が可能になる。したがって，狭義の視点にみられる多くの社会的側面はこの視角に収まることになる。わが国ではこの広義の概念が普及している。この広義の概念は，サービス産業や企業のサービス部門を対象に管理を進めるうえで役立つところから斬新な管理手法の提供を可能にしている。今日ではサービス経済化の流れのなかであらゆる企業がこうした考え方の利点を享受することができる。

　このようにみてくると，ホスピタリティの適応範囲は，これまでのサービス産業と企業内において比重を増しているサービス部門の業務全般や商業などにも及ぶことになる。しかしこうなると，ホスピタリティ・ビジネスの特徴が曖昧になってしまう恐れがあるので，ここでは，ホスピタリティ・ビジネスの管理会計の特徴をより明確に示すことができるホテル・レストランや観光ビジネスの経営に焦点をおいてみていくことにする。このようなホスピタリティ・ビジネスを産業として捉えれば，次のような図によって理解することができる。

　下記の図表1-1から，ホスピタリティ産業は，消費者に提供される財やサービスという見地から把握されなければならないとみることができる。ホスピタリティ産業をこのように定義すれば，R.Kotasも指摘するように相反する二つの経営形態の存在を認識することができる[4]。一つは，費用を固定費と変

6　第1章　ホスピタリティ・ビジネスと戦略の展開

図表1-1　ホスピタリティ産業

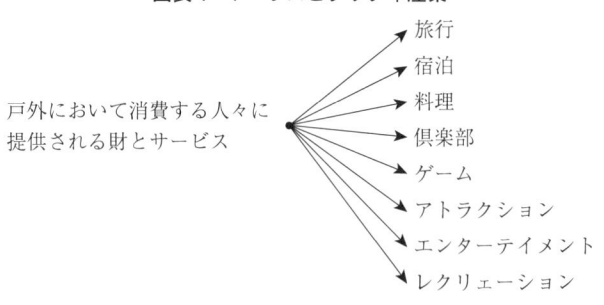

戸外において消費する人々に提供される財とサービス
- 旅行
- 宿泊
- 料理
- 倶楽部
- ゲーム
- アトラクション
- エンターテイメント
- レクリェーション

出所：R. A. Nykiel, *Hospitality Management Strategies*（Prentice Hall, 2005）p. 5.

動費とに二分して捉える場合，相対的に変動費の占める割合が高く需要が安定しているグループであり，他のグループは，固定費の占める割合が相対的に高く需要が不安定な企業群である。

　前者には，病院，福祉施設，学校，大学などに給食や食料等を提供する事業会社または直営施設などがある。後者には，ホテル，レストラン，旅行業者，航空会社，公益事業などがある。この両者は，経営上の関心事項が異なる。前者は，販売量に対してコストの管理が可能であるところからコスト志向になる。これに対し，後者は初期投資が大きく高い固定費を発生させるため管理不能原価の占める割合が高くなることから，市場志向になるし，後述することになるが会計においては収益会計を目指すことになる。この後者のグループに対する管理会計は，伝統的な会計とはやや異なる手続きを必要とするので，本書ではこの点に注目するであろう。なお，後者の事業グループには，今日では医療，介護福祉等のサービス事業も含まれるであろう。

　さて，このような特徴をもつホスピタリティ産業であれば，企業の経営目的を「顧客の創造」とすることもできるし，企業の成長戦略は，固有の歴史をとらえることによってみえてくることになる。この視点から考察を進めるNykiel[5]は，なかでも，フランチャイズの展開，ブランドの育成，続発する

（4）　R.Kotas, *Management Accounting for Hospitality and Tourism*（International Thomson Business Press, 1999）pp. 6-7.
（5）　R.A.Nykiel, *Hospitality Management Strategies*（Prentice Hall, 2005）pp. 16-27.

プログラムの展開という三つを束ねたマネジメント戦略がこれらの産業の成長を押し進めてきたと主張している。

　その一部を取り上げると，次のようになる。コンラッド・ヒルトンの戦略は，国際間を行き来する旅行者の増加をいち早く捉え，ヒルトンというブランドを世界的なブランドにまで高めたことにより，ホテルという言葉と同義の概念に仕立てたのであった。同様のことは，他のホテルにもいえる。ケモンズ・ウィルソンが創業したホリデイ・インは，急速に増加したアメリカ諸州間での自動車による旅行者のニーズを満たすため，そうした旅行者のための宿泊施設を開発し，ホリデイ・インのブランドをモーテルという言葉と同義の概念となるまでに育てたのである。また，マリオット・ホテルは，フードサービスの様式を発展させたことで知られる。マリオットは，ホットな飲み物を提供するカフェテラスのサービスを展開することで個別市場のニーズを満たすことに成功したのである。このようにして構築されたブランドは，その後現在に至るまで衰えることなく維持され，そのうえ経営者自らがブランドに相応しいマネジメント行為を示すことによって会社の倫理規定や経営風土を育ててきたのである。マクドナルドのデリバリーシステムも革新的である。これらは，いずれも消費者のニーズに基づいて開発した製品やサービスのほかに，なによりも創造性が新しいビジネスの形態をもたらし成長を支えてきたことを示している。

③ 戦略的経営における主要課題

　Nykielは，以上のように，ホスピタリティ産業を代表する幾多の企業の事例を分析することによって，ホスピタリティ産業の経営戦略がこれまで提案されてきた他の産業企業の戦略とは異なることを明らかにしている。そうであれば，その戦略はどのように構成されるのかとなる。彼は事例研究に基づいて，戦略経営の主要課題とみる要素を背景，変化，内容，プロセスとコントロールという五つの視点から描き出す方法を提案している。だが，このうちプロセスとコントロールは，戦略の行為にかかわるので前者の三つと異なるとみなければならないであろう。それ故に，背景（戦略的環境），変化（変化を見通して戦略的に対応すること），内容（戦略の範囲，および次元を定めてそこに焦点

を合わせること）という三つの視点から描き出すのが望ましいといえる。そのような考察を踏まえて一つの具体的な成果としての戦略要素を示せば，投資環境，フランチャイズおよび顧客の範囲となる。

こうした帰納法的な考え方により析出された戦略の要素は，戦略の枠組みの構成に役立てることができる。それは次のようになる。一つに市場区分あるいは棲み分け（誰に何を供給するか）である。これは基礎的な側面にあたるが，そのほかに多様化（調達とデリバリーシステム）および拡大（成長）という三つの側面である。これらは，まさに戦略の背景，変化，および内容という戦略的主要課題を理論的に示したものである。以下に示す McDonald's の成功事例としてあらわされる相互依存関係図は，その点を検証するものである。

ホスピタリティ産業の戦略は，この三つの柱の一つでも欠ければ十分に機能しないことは明らかであるから，これらの主要課題に基づいて策定されなければならない。戦略の策定および実施にあたっては，この主要課題のそれぞれの中身をどうするか，これらの課題間を結びつける相互関係をどのように描くかといったシステム形成の視点に立つことが必要であると肝に銘じるべきである。

下記の McDonald's に関する図表に基づいて成功要因を述べると，次のよう

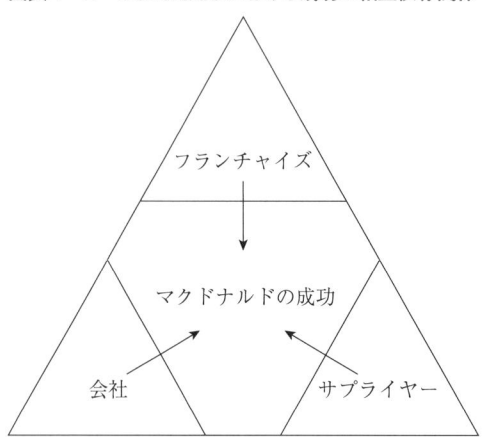

図表1-2　McDonald's における成功の相互依存関係

出所：R. A. Nykiel（2005）p. 71.

になる。McDonald's の「会社」それ自体は，直営店とフランチャイズと管理部門からなり，なかでも直営店では新製品のテストを行うとともに管理者やレストラン専従員の教育訓練の場を提供している。会社がとりわけ重視しているのは，フランチャイズを成功するように支援することにある。この場合，どの市場でどのような商品をどのように販売したらよいかという棲み分けの観点から立地を決定するとともに様々なプログラムを開発している。こうして，いわば誰に何を販売するかという戦略的視点の展開に伴って顧客の範囲が拡大し商品の多様化が進めば，直営店やフランチャイズ店にアクセスする配送センターの確保と管理が大きな課題となってくる。そのことは，調達・デリバリーシステムの合理化と相まって購買能力の向上と「サプライヤー」の確保を要求したのである。

McDonald's は，世界で最も優れたクイックサービスを提供する最大のレストランチェーンとなることをビジョンに掲げてきた。ブランドを広めるとともにフランチャイズを展開し，さらにイノベーションと技術を高めることによって会社システムの強さを発展させながら成長を成し遂げてきた。「フランチャイズ」方式の採用は，会社を成長させてきた要因といえる。このように，成功へ導いた3要素の相互依存関係は明らかである。

次に，戦略の策定および戦略の遂行を保証する経営管理活動について説明することにする。

④ 経営戦略の革新

以上において，アメリカのホスピタリティ産業の成長を育んできた戦略の三つの要素を歴史的分析に依拠して明らかにしてきた。これらの三つの要素は，現在のホスピタリティ企業の経営においても主要な課題となりうることにも触れてきた。ここでは，こうした戦略のダイナミックな展開を可能にしてきた要因について述べることにしたい。この点についても，歴史的分析の視角から論じている Nykiel に聞くことにする[6]。

---

(6) *Ibid*., pp. 16-27.

1．内外の推進力

彼は，この要因を内的な推進力となった多様化と外的な推進力となった市場区分とに分けるのである。そして，20世紀の60年代の初め頃までが内的要因中心で，その後外的要因が加わり今日に至っていると主張する。内的要因は，内部にモチベーターが存在し，換言すれば企業家がそれを担い結果的に商品の多様化だけでなく市場分割をも推し進めることになった。その影響は，80年代のブランド増殖の時代とまでいわせるような発展をもたらしたのである。成長はまさにゲーム的に進められてきたといわれる。

他方，外的には，次のような要因があった。この点については，P. F. Drucker の所見が参考になる[7]。

① 人口構造の変化：先進国における出生率の大幅な低下
② 可処分所得の分配における変化（豊かさと階級の出現）と新しい成長産業の出現
③ インターネット社会の出現と交通システムの発展
④ 価値観の多様化
⑤ 組織の国際化

これらの要因によって市場区分あるいは棲み分けが進展し，一時はダイナミックな産業と呼ばれるに至ったというのである。

2．新しいパラダイム

ところが，将来はこれまでの推進力とはやや異なる要因があらわれる。それには次のものがある。

① グローバリゼーションまたは文化の多様性：経済が成長する地域への投資は必要であり，これらの地域の文化や事情を知ることが成功に不可欠なこととなる。
② 技術：コストを削減する技術や消費者に利便性を与える技術は，競争優位を確保し続けことを可能にする。
③ 行動の動揺：戦略は，時代の支配的価値観に合わせる必要がある。たと

---

[7] P.F.Drucker, *Management Challenges for the 21st Century* (Harper Business, 1999) Chapter 2. 上田惇生訳『明日を支配するもの』（ダイヤモンド社，1999）.

えば，人々の価値観は，経済が好況のときに品質志向になり，不確実性の高いときに価格志向になるし，高度の消費社会においては購買の利便性を志向することになる。

④ 整理統合：合併や提携によって統合することは，企業の生き残り策としても重要である。大企業はより大きく，専門業者はより良いかたちを目指すであろう。このように射程距離を伸ばすことが優位を維持する手段となる。

⑤ 垂直的・水平的統合：上でも取り上げているように，合併や提携・連合という統合は，企業の成長のために必要な手段となってきた。この統合の方法には，同業者間での統合もあれば川上の生産や川下の物流のプロセスを垂直統合するやり方がある。こうした統合の必要性は，消費者がワンストップでの購買および電話・オンラインなどでのサービスを望むようになりつつあることによる。現在急速に経営管理者の関心を集めている戦略要素について，Nykielは7項目あげている。

・保証
・アウトソーシングあるいはインソーシング
・協同仕入れ
・新しい組織概念―チームマネジメント
・家族主義マネジメント（cluster management）
・自動化の増進
・機能的統合および機能交差的マネジメント

⑥ ブランドの推進：地球規模で市場への参入者が過剰気味になり，そうした状況のなかで消費者の選好が行われるようになれば，良いブランドのイメージを高めることは勝利者への道を保証することになる。

以上，戦略的思考の形成に与える影響要因となる企業内外の推進力の数々をあげてきた。その文脈から考えられることは，新しいパラダイムの対応策をどうするかということになる。こうした新しいパラダイムのもとでは，戦略の意味も従来のものとは異なるものでなければならない。Nykielによれば，その意味は，消費者指向的な「緊急および危機」から「即刻および，すぐやる」に替わったというのである。そうであれば，一例のみをあげれば，これまでのコ

スト節約的ブランドロイヤルティよりはパフォーマンスの方が有利に働くであろうから，今後の有意味な競争は，顧客に対して最善を尽くすなり最高の利便性を提供することとなる。重要なことは，多機能の概念と技術適用の有用性をよく理解し，適切な手段を選択することであるということになる。ここまでくれば読者は理解されたことと思うが，彼が主張したいことは個人のスーパースターとしての経営管理者からチームワーカーとしてのオールスターへの交代である。彼がイメージするスーパースターとは勝つことのみにこだわる人であり，オールスターとは失うものが決してないように絶えず改善行為を続けていく集団である。それ故に，変える能力，新しいものへの適応力，および多様性を理解する能力のすべてが，経営管理に不可欠な要素となる。

さて，上ではNykielの歴史分析に依拠した見解に基づいて，パラダイムの変化と経営戦略の機能との関係についてみてきた。この見解は，ホスピタリティ産業の分析に基づくものであるが，やや顧客中心で機能主義的である点に注意しなければならない。なぜなら，私の先ほどの議論からみると，彼の見解はサービス概念に相応しい考えを示しているといえるからである。今日のホスピタリティの概念は，このサービスを包括するようなものである。したがって，われわれは彼がいうパラダイム変化の本質に視点を定める必要がある。

そこでのパラダイムの変化を私なりの解釈に基づいていえば，事後的「問題解決型」から「パフォーマンス型」へ，さらに進めれば「組織能力型」へのシフトとみることができる。ここでいうパフォーマンスは，彼の説くところによれば機能主義に基礎をおくもので，失策をしないほどの能力が求められる。同時に，こうした成員によるチームワークが必要になる。その最上の組織がオールスターチームとなる。だが，ホスピタリティは，このような能力のみに依存することによって成し遂げられるものではない。それは，こうしたパフォーマンスを包摂しながらも，偏狭な顧客中心主義に偏ることなくむしろ一期一会という機会を大切にしコミュニケーションをとおして良好な相互関係を築いていくことにこそ，その神髄が存するのである。そこには，目的・目標と実績との差異を絶えず認識把握しながら戦略的・戦術的に意思決定し行動することが含まれている。このタイプを私は，組織能力（capability）型と称することにしている。

なお，Nykielが行った歴史分析では市場区分が戦略の枠組みを構成する基軸的要素として重視されているが，パラダイムの変遷をみるとその重要性は今日でも失われていないことが明らかである。今後は，これまでの拡大路線を踏まえながら多様性の変化を先読みする能力とその対応策を迅速に構築する展開が課題になるであろう。

経営戦略は，このような型を思考の基礎におきながら策定されなければならない。そこで以下では，とりわけ戦略の立案プロセスおよびコントロールについて説明することになる。

5 戦略の立案プロセス

上述のところで，戦略の主要課題とみなす背景，変化，内容に対する客観的形態をそれぞれ市場区分（すなわち，棲み分け），多様化，および拡大と規定し，さらにこうした形態へ導いた要因を内的な戦略形成要因と外的な戦略形成要因とに区分したうえで，伝統的には前者が主導的役割を果たしてきたことを明らかにした。さらに，今後は戦略形成要因が大幅に変化することになるので戦略のパラダイム・シフトが必要になることについて述べてきた。だが，残りの二つの主要課題である戦略のプロセスとコントロールについては論じてこなかった。以下ではこの点について述べることにする。これについては，様々な見解が存在するので，ここではホスピタリティ産業に相応しい考え方を示すC.A.de Kluyver と J.A.Pearce II の見解に基づいて述べることにする[8]。それによれば，このプロセスは，戦略的思考と戦略的計画によって構成される。「戦略的思考とは，競合他社と異なる方法で顧客価値を提供し，模倣されにくい一連の企業活動を選び出すプロセスであり，持続的競争優位性の構築を可能にする基盤を作りだすことに焦点をあてる」とされている。そのためには，まず組織目的であるミッションを提示し，次に戦略思考的に組織のビジョンを固めて明示し，それを実現するための模倣されにくい企業活動を示す簡明な青写

---

(8) C.A.de Kluyver and J.A.Pearce II, *Strategy : A View from the Top* (Prentice Hall, 2003) pp. 1-16. 大柳正子訳『戦略とは何か』(東洋経済新報社，2005) 16-19 頁。

真あるいは企業の価値像を作成する必要がある。戦略的思考の手続き的プロセスはそこまでである。この戦略的思考を，わが国では企業理念とか経営理念としてステートメントのかたちで示す場合があるが，ここでのそれはそのような固定的なものでなく，よりダイナミックな展開をあらわすものである。それ故に，戦略的思考は，企業独自の思考の開拓と展開によって導かれなければならない。これに対し，戦略的計画は，「選択した戦略にふさわしい分析手法を開発し，戦略を組織全体に伝達し，遂行するためのプロセスである。」戦略的計画は，戦略的思考に基づいて設定されることになるが，戦略的思考プロセスにおける青写真を作成するという部面ではプロセス的に重なるので，このプロセスの側面はフィードバックの活動となる。戦略的思考は，このフィードバックを通して戦略的計画に反映されることになる。換言すれば，戦略的計画は，この立案プロセスの中で選択される戦略を組織全体に浸透させる機能を担うのである。

戦略的思考は，トップマネジメントが主導する。このダイナミックなプロセスは，ミッションの提示から始まる。ミッションは，自社の存在意義とトップマネジメント層を導く行動規範を示したものであり，わが国では一般に社是あるいは社訓として示されている。しかし，これだけで組織がうまく回るわけではないので，次に戦略的行動の枠組みを作る必要がある。これは，通常では，戦略的方向性を示すビジョンと呼ばれるものとなる。GE社が採用した「業界で1位か2位になれない事業単位は撤退する」というビジョンは有名である。こうしたビジョンを作成するさいに必ず考慮に入れるべき基本的要件が2点存在する。これによって，長期の持続的競争優位性を確保することができるであろう。まず，活動の焦点を絞り込むという集中戦略を選択することである。同時に，「何をしてはいけないか」を析出し，前者とのトレードオフの関係を検討する必要がある。次に，組織の能力を超えるほどの戦略的意図を示しそれによって企業の責任観念とモチベーションを提供することである。以上のことを踏まえてステートメントのかたちで示す場合に，「効果的なビジョン・ステートメントは，①イニシアチブを損なわない範囲で明確である，②すべてのステークホルダーの当然の利益と価値を満たすうえで望ましいものである，③実行可能である，という三つの基準を満たしている」という条件を備える必要があ

る[9]。

　こうした戦略的思考は，戦略立案プロセスによって選択される戦略，およびその実現を保証するプロセスである戦略的計画のすべてに反映させなければならない。また，戦略的思考のフォーカスは，たとえば競争，競争優位，資源ベースというように歴史的に変化してきているので今後も変化していくとみるべきである。戦略立案プロセスでは，この点を踏まえて成長と機会を生み出す要因や人材・資金等の資源のあり方に絶えず注意喚起と目配りをしながら最終的に青写真を作成することになる。

　これに対し，戦略的計画は，エンパワーメントを構成する組織のライン部門の上層管理者も参加し，垂直的・水平的調整を重ねながら，戦略的フォーカスの維持と戦略の遂行を保証するように設定する必要がある。それ故に，より複雑な設定プロセスを必要とし，またこのプロセスの最終段階ではプログラミングとつながるので，管理会計データを必要とする。このプログラミングは，戦略的計画をこれに続く活動であるマネジメント・コントロールに連接するプロセスであるが，マネジメント・コントロールについては後述する。ここでは，戦略立案プロセスを中心に説明することにする。以下において示すように，このプロセスには三つの段階があり，また各段階にはフィードバックを要する重複部分があるので，そのプロセスは慎重かつ管理的に展開する必要がある[10]。

　下記の図表1-3において示されるプロセスは，三つの段階からなる。一に，「いまどこにいるか」であり，この段階では既存のミッションとビジョンの検討から始め，現在の自社の位置を把握するための分析を行い，同時にそれに基づいてトレンドをつかむ。これには通常SWOT分析が使われる。この段階から次の段階へと移る過程に重なる部分があるが，これはSWOT分析では現状把握だけでなくトレンドをつかむ必要があることを示している。二に，「どこへ向かうべきか」であり，ここでは，前段階のプロセスで得た結果に基づいて戦略的代替案の立案と検討を行い，戦略を選択する。次の段階と重なる部分がありこの段階から戦略的目標を決定し戦略的計画を設定することになる。三つ目に，「どうやって目標を達成するか」であり，引き続き戦略的計画の設定と

---

(9)　*Ibid*., pp. 7-8. 邦訳書，27頁。
(10)　*Ibid*., pp. 10-11. 邦訳書，25頁。

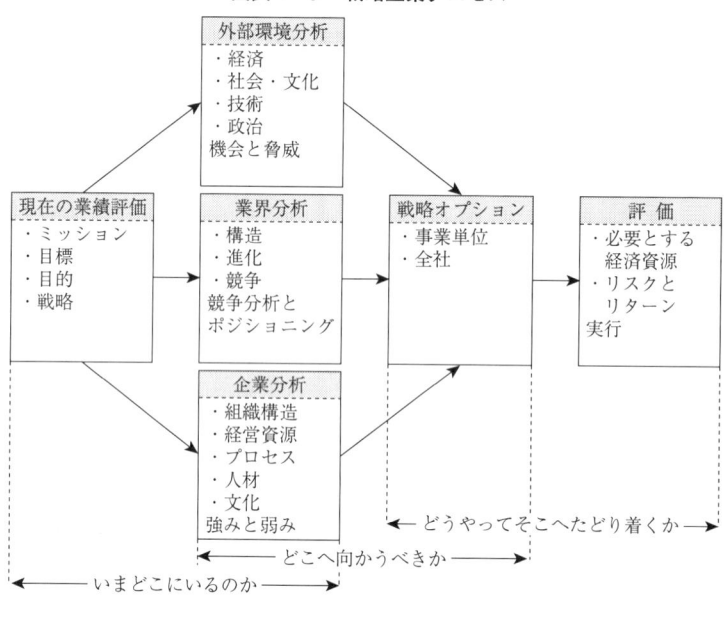

図表1-3　戦略立案プロセス

```
                        ┌─────────────┐
                        │ 外部環境分析 │
                        │ ・経済       │
                        │ ・社会・文化 │
                        │ ・技術       │
                        │ ・政治       │
                        │ 機会と脅威   │
                        └─────────────┘
                              ↑ ↓
┌─────────────┐        ┌─────────────┐        ┌─────────────┐        ┌─────────────┐
│ 現在の業績評価│ →     │ 業界分析     │  →    │戦略オプション│  →    │  評　価     │
│ ・ミッション │ →     │ ・構造       │        │ ・事業単位   │        │ ・必要とする│
│ ・目標       │        │ ・進化       │        │ ・全社       │        │   経済資源  │
│ ・目的       │        │ ・競争       │        │              │        │ ・リスクと  │
│ ・戦略       │        │ 競争分析と   │        │              │        │   リターン  │
│              │        │ ポジショニング│       │              │        │   実行      │
└─────────────┘        └─────────────┘        └─────────────┘        └─────────────┘
                              ↑ ↓                    ↑
                        ┌─────────────┐
                        │ 企業分析     │
                        │ ・組織構造   │
                        │ ・経営資源   │
                        │ ・プロセス   │
                        │ ・人材       │
                        │ ・文化       │
                        │ 強みと弱み   │
                        └─────────────┘

  ←── いまどこにいるのか ──→  ←── どこへ向かうべきか ──→  ←── どうやってそこへたどり着くか ──→
```

出所：C. A. de Kluyver and J. A. Pearce 2, *Strategy: A View from the Top*, p. 10, 邦訳書, 25頁。

なるが，それ自体が挑戦的なレベルとして設定されるべきであるので，ここでは現在の組織能力とのギャップをどう縮めるかが課題となる。このプロセスでは，上層での調整作業を経て経営資源の有効活用とモチベーションを高める手段が決定される。その後は，実行予算となりコントロールの実施へと移っていくことになる。

6　戦略的思考

　既述のところからも推測しうるように，企業経営にとって最も重要なプロセスは，戦略的思考である。わが国の企業関係者や管理会計研究者は，企業の工場現場や現業部門の視察によく訪れるが，その部分のみをみて企業の評価をすれば「木を見て森を見ず」となる可能性があるので，注意が必要である。現業部門の活動が戦略的思考を映す鏡のようなものであればよいが，そうでない場

合があるからである。つまり現業部門が戦略を実現させていないとか，優れた戦略を策定できていないにもかかわらず現場や技術が優れている場合もあるし，直截にそれを把握できない場合もあるからである。

　だが，戦略は，現業部門の活動であるオペレーショナル活動によって実現されなければ画餅に終わる。それを避けるためには，オペレーショナル活動が戦略に対応していなければならない。オペレーショナル活動は管理活動ではないので，組織においては戦略をオペレーショナル活動に反映させるために媒体としての管理活動が必要になる。この場合，戦略は戦略的計画としてシステム化されるから，この戦略的計画をオペレーショナル活動に媒介する活動がマネジメント・コントロールとタスク・コントロールといわれる経営管理活動である。マネジメント・コントロールは，戦略の実現を保証するプロセスであるところから，タスク・コントロールを通してオペレーショナルな活動に繋げて戦略的計画の実現をはかる管理活動ということになる。マネジメント・コントロールは，管理会計に支えられた管理機能であるので，管理会計が支配的な計数的管理技法となるのに対して，戦略的計画は必ずしも管理会計技法にのみ依存するわけではないので，戦略をマネジメント・コントロールに反映させるためには戦略的計画が必要になるのである。

　戦略をシステム化したもののうち最も典型的な形態が戦略的計画である。一般に，戦略的計画は，会社レベル，事業レベル，および地域レベルとして作成される。たとえば，ホテルの会社レベルでは，会社の規模を拡大するための資本調達やブランド戦略，事業レベルでは，将来の需要を見据えてミーティングルームを増やすなり，消費者の外食志向を満たすためにカフェテラスを拡充するなど，地域レベルでは，各地域に見合ったマーケティング活動を展開することなどである。これらは，いずれも戦略的思考に基づいて形成されなければならない。

　さて，立案プロセスは，自らが立っている位置をまず確認することから始めなければならない。その手段として，通常SWOT分析が用いられる。以下では，その点について説明することにする。その場合，ミッションとビジョンを取り上げなければならないが，これらは組織目標との繋がりを無視できないので後章においてそれらをセットにするかたちで取り上げ論ずることにしたい。

1. SWOT 分析

　戦略を作成するにあたって重要なことは，上記の戦略立案プロセスで示しているように三つの焦点，つまり環境，競争，および内部に絞ってそれらの相互関係を捉えることにある。環境の分析では，経済の動向，社会・政治問題，規制，法制，および技術などを含めどのような機会や脅威があらわれるのか将来を見据えた調査研究が必要になる。競争の分析では，価格，価値，品質，利便性，顧客満足，および配送などの事業周辺の調査研究を行う必要がある。内部の分析では，商品やサービスが顧客の利益に貢献するのか，技術展開の有様，商品の移送コストの是非などを含む自己分析をする必要がある。通常では，上記の環境の視点と競争の視点とを合体させて環境分析または外部分析としている。このような外部と自社とに区分する分析手法としては，伝統的にSWOT分析が用いられている。SWOTとは，①強さ（Strengths）②弱さ（Weaknesses）③機会（Opportunities）④脅威（Threats）のことで，これらの4要素に環境分析と内部分析を組み合わせることができる。この組み合わせは，次のようなかたちで示すことができる。

	強さ	弱さ	機会	脅威
環境分析			無競争，好況 ブランドの浸透 新市場，新しい 商品とサービス	強い競合企業 不況，需要の減少 コスト増，規制 雇用難，道路事情
内部分析	人材，場所 アクセスの良さ ブランド，技術力 シェア，財務力	レイアウト 技術的手段の劣悪さ 流通コスト，知名度 旧式，作業力		

以上の組み合わせから，次のような構図を描くことができる。

	機会	脅威
強さ	（1）	（2）
弱さ	（3）	（4）

各セルにおいて起こりうることについて，M.A.Casadoは以下のようなシナ

リオを描いている[11]。
（1） 自社の強さを確保し，外部志向の機会も良好である。
　　この場合は，収益性の最大化を図る積極的な戦略を展開しうる。
（2） 自社の強さを確保しているものの，外部の脅威が大きい。
　　この場合は，拡大戦略は控えて，限られた資源の有効活用を図る戦略を採用すべきである。市場のニッチ的側面を探りそこへの資金運用を図るのも一つの方法である。
（3） 自社の弱さがある中で，外部志向の機会が良好である。
　　この場合は，所有資産の活用を図るために資産利用の転向を行うなど，外部環境から利益を得るために問題となる欠陥をなくす戦略を展開するのが望ましい。たとえば，周辺地域のニーズを満たすために食堂を増設するなどがある。
（4） 自社の弱さがある中で，外部の脅威が大きい。
　　この場合は，大きな投資をできるだけ控えるようにし自らの弱点の克服と改善に着手すべきである。

SWOT分析は，以上にみるように，諸要素のトレンドを質的な面だけでなく量的にも把握できるようにする点が優れている。

2．戦略の選択

　戦略の策定においては，上のように環境分析と内部分析によって現状を把握しトレンドをつかむことができれば方針を選択することができる。選択した方針に基づいて戦略を実行する場合には，明確な戦略の分野を決定する必要がある。

　上で取り上げたSWOT分析からも理解しうるように，戦略分野には，以下のように四つがあるとみることができるであろう。

① 成長戦略
② マネジメント戦略（＝ブランド戦略と財務戦略）
③ マーケティング戦略

---

[11] M.A.Casado, *Hospitality Management-A Capstone Course*（Prentice Hall, 2005）p. 111.

20　第1章　ホスピタリティ・ビジネスと戦略の展開

④　組織活動戦略

これらの戦略分野は，SWOT分析を踏まえれば，選択された各方針のもとに戦略の要点として認識できるものである。管理会計は，各戦略分野に一定の情報を提供しなければならない。

ここで，戦略計画についての事例研究があるので，修正を加えたものであるがそれを紹介することにする。

| 事例研究1 | 加星ホテルの戦略的計画 |

（1）　コンサルタントによる監査

加星ホテルは，1940年に石川県金沢市において開業している。開業当初は，周辺地域を含む当地域で生活している人々の宿泊施設やコミュニティー活動の中心として賑わっていた。とくに，地域の裕福層やビジネスリーダーたちの間では評判が良く，頻繁に利用されていた。食堂と宴会部門のサービスは，他の競合ホテルのそれを凌駕するものであった。だが，過去5年間の自己資本利益率は悪化している。ホテルの支配人に聞くと，当ホテルから歩いて数分程度の距離に二つのホテルが開業し，競争が激化したのが原因であるという。これらのホテルは，全国規模でのチェーン展開と宣伝とマーケティング活動，それと中央で行う予約システムでのネットワークによる利益を受けていた。

ホテルの利用者は，加星ホテルの歴史的な雰囲気を好む人たちと，新しい建築物によって提供される快適性を好む人たちとに二分されていた。ホテルのオーナーは，収益性を回復させるために何ができるかを見出すために，コンサルタントを雇うことにした。コンサルタントは直ちに，現場の業務監査を実施するとともに，ホテルの支配人に対してインタビューを行うことにした。その結果，以下に示すような報告書を作成するに至った。

「私は，宿泊の予約をするためにホテルに電話をすることから調査を始めた。ホテルのオペレーターは，ベルを5回鳴らした後に応対し，予約担当者につないだ。その担当者は，非常に丁寧にこちらの情報を受け止め，標準の客室を特別割引で提供すると述べた。私は，この提案を断った。私は，10歳の息子と一緒に旅することにしていたのでジュニアが利用しやすい客室か同様の室を求

めていたからである。

　私がタクシーを利用しホテルに着いたときホテルの出入口にはドアマンがいなかった。われわれはロビィーにまで荷物を運び込んだところで，担当者がスーツケースの扱いを申し出た。ロビィーはダーク調のオーク仕上げで印象的であった。エレベーターのドアは，ラミネート状の光沢のある銅板仕上げであった。装飾は，荘厳な雰囲気をかもし出していた。フロントデスクには二人の担当者がいたが，一人はコンピュータのデータ入力にかかりきりでもう一人がカウンターで客と応対しているところであった。コンピュータで作業をしていた担当者が私に声を掛けるまで4分間も待たされた。

　客室に至るまでの廊下は暗く客室番号の読み取りは難しかった。私は，その廊下付近で三つの朝食用のトレイと空のワインボトルの入っているアイスバケットを目にした。それは午後4時のことであった。客室の第一印象は古臭いただれたものであった。カーペットは何箇所か汚れていたしナイトテーブルの後ろの壁紙もいまにも剥がれそうだった。立ちスタンドの電球はかなり消耗が進んでいた。バスルームが明るかったけれど，鏡は底辺の縁部分に褐色のしみが付いているだけでなく湿気により裏板が剥がれた跡が見えた。バスタブ周辺のコーキングは汚く排水口まわりが削れていた。

　シャワーを浴びた後，夕食をとるためにレストランに入った。食堂の装飾は，ダーク調のカーペット，シックな赤色の窓のカーテン，華麗な金色の塑像の飾りで圧倒されるほどであった。だが，メニューは，ライトが適所に置かれていないため読みにくかった。食事は，とても美味しかったが，ウエイターがそれらを運んでくるまで1時間15分も待たなければならなかった。

　支払いを済ませた後，ドリンクバーへ移った。私はウィスキーソーダを息子にはジンジャーエールを注文した。ウエイトレスは，私がいかなる銘柄のウィスキーを求めているのかを聞かないし，ドリンクの追加を聞くこともしなかった。部屋に戻ろうとして金額を問うと，明細書の提示もなく金額を述べた。

　客室に戻ってベッドに入る。ベッドは快適であったがエアコンシステムの音がうるさく，始動と停止のときにチャリンチャリンと続けて騒がしい音を立てていることに気がついた。翌朝，シャワーの熱湯と冷水が強く急速に出てくることを経験した後，やけどを避けるために風呂に切り替えた。われわれはルー

ムサービスをオーダーし優雅な朝食に出会えた。朝食をのせたカートはシルバープレートの用品で取り揃えられていて水晶の花瓶に生花が飾られていた。朝食は，温かく食欲をそそるものであったものの，オーダーをしてから客室に運び込まれるまで55分を要した。

　チェックアウトのさいに，一人の担当者と列をなす利用客の姿が見えた。数分経過後，この担当者がサイドドアーを空け，応対をすることになった。フロントデスクの監督者がやってきて，行列を二つのグループに分けた。私は他の宿泊客の電話代を請求された。担当者は，奥の事務所に行き1枚ごとに金額が記されている伝票の束を持って現れた。少しやり取りをした後でその担当者は，私の請求書に間違えて計上していたことに同意した。」

（2）　管財管理者に対する聞き取り調査

　この管理者によれば，エネルギーコントロールシステムを設置していないので，エネルギーコストは高くついているという。また，食品類の保管スペースを確保していないので，在庫管理が困難であるため，調達食品のほとんどは調理場で直接受け取ることにしている。さらに，特別な客に対する接客室を用意していない。ホテルには，若い旅行客や子供むけの娯楽施設はないし，ヘルスクラブ，運動室，スイミングプールもない。

　全国的な予約システムには加入していない。宴会に関するサービスは非常に良いし宿泊客は1,000名まで収容できるが，大規模なコンベンションで必要となる休憩室の数は十分でない。

（3）　主な業務統計

以下に示すとおりである。

稼働率：昨年の稼働率は59％。この地域の平均稼働率は73％である。当ホテルの稼働率は，過去5年間に20％減少している。

平均宿泊料：現在の平均宿泊料は12,000円である。過去5年間この水準を維持してきた。

総収入に占める
客室料金収入の割合：　昨　年　　　　62％
　　　　　　　　　　　5年前　　　　80％
過去5年の利益：　　　5年前　　　285,414（千円）
　　　　　　　　　　　4年前　　　193,070

3年前	84,552
2年前	83,913
昨　年	−35,015

（4）人　　事

　ホテルの管理者は，収益の減少を調整するために，徐々に従業員の数を減らしてきた。過去には1：1であった客に対する従業員数の比率は，今では3：1になっている。正規雇用のポジションが過去5年間に次に示すように削減されている。

- 営業マン：2
- カウンターの監督者：2
- 専門技術者：2
- 週末の当直管理者：1
- 副コック長：1
- ダイニングルームの入れ替えの監督者：2

（5）　ホテル利用者のコメント

　カードに書き込まれた不満の多くは，サービスと施設に関するものであった。

- サービスは以前ほど良くない。
- ホテルは以前ほど清潔でない。
- ヘルスクラブ，運動室，スイミングプールがない。

研究課題

　あなたは，このホテルのこれまでの営業活動に対して改善策を提案しなければなりません。次の各項目の質問に答えるかたちで提案書を作成しなさい。

(1) 加星ホテルのSWOT分析を行いなさい。

(2) 現在抱えている問題点を除去するための戦略的課題を明らかにしなさい。

(3) 業務，マーケティング，財務などそれぞれの分野で可能な戦略的代替案を示しなさい。

(4) 客に認めてもらえる新しい価格／価値を決定しなさい。

(5) 行動計画の工程表を提案しなさい。

改善策に関する報告書の概要

(1) SWOT 分析

　加星ホテルは，地域の歴史的な建造物，優雅なロビィー，および素敵な料理の提供といういくつかの優れた特徴を持つけれども，弱さはその強さ以上に高まっている。他方，近辺にあるホテルとの競争を強いられているものの，外部機会は非常に良い。この地域内での平均宿泊率が 73 % と国内平均より高いので，ホテルの改装を行いサービスの改善に努めれば，地域社会から強い支援が寄せられるであろう。管理者が取るべき戦略は，資源利用の改善戦略である。上記の SWOT 分析によれば，セル（3）にあたる。

(2) 次に，報告書から確認できる欠陥をなくすための戦略課題は，次のとおりである。
   ① ホテルは，最近進出してきた有名ブランドをもつホテルに比べ古臭いと受け止められている。
   ② 加星ホテルは，この新しく進出してきたホテルとの競争に耐えうるほどの施設整備または質の良いサービスを提供していない。とくに，悪化した備付家具，損傷のみられる設備，維持費管理の欠如，およびスタッフの気取った態度などが代表例である。
   ③ 古くから地域に根ざしたこのホテル固有の利点が他の競合ホテルにはないので，これらの市場から客を惹きつける魅力はある。しかるに，全国的な予約システムに加入していないことが問題であり，状況を一段と悪化させている。

(3) 業務，マーケティング，および財務の戦略的代替案を提示しなさい。
   ① ホテルのリーダーシップチームを変える必要がある。新しいリーダーは，資源利用の完全な方向転換を含む新しいビジョンを展開しなければならない。ラインの従業員に対しては，顧客志向の接客を重視する訓練プログラムを徹底的に実施しなければならない。この場合，従業員モラ

ルの向上が優先すべき課題となる。
② 構造物の改装，設備の更新，エネルギー管理システムの設置は緊急を要する課題である。現在利用可能となっている大会合室は，食材の貯蔵庫用にスペースを確保するとともに，間仕切りができるように改修し，それを臨時の会合やコンベンション用のスペースを得るために活用すべきである。
③ ホテルは，刷新された歴史的建造物として再出発すべきで，伝統と近代の雰囲気を併せ持つホテルとしてマーケティングする必要がある。利用客には満足感を与えるだけでなく，最新の諸施設を提供している点を強調すべきである。全国的な予約システムを提供している事業会社に「著名なホテル」の資格で加盟することが不可欠である。
④ 以上の諸施策の実施は資金を要するので，資金調達が可能でなければならない。ホテルの改造が完成した後には，稼働率の減少傾向に歯止めをかけなければならない。そのためには，"またのお越しをお待ち申しあげております"などとPRに努めることから始め，その後は直ちに，最高レベルと評価される程度にまで登りつめなければならない。

(4) 客に受け入れられる価値
　"新生"加星ホテルは，歴史と伝統を誇る建造物としての特徴を生かしながら近代的な設備を提供するファーストクラスのホテルとして顧客に認めてもらわなければならない。そのためには，まず価格／価値が最近進出してきた競合ホテルに比べ勝るとも劣らないと客に認めてもらう必要がある。そこで，利用客の価格／価値の認知度を把握する必要があるので，住民の反応をつかむ手段を採用する必要がある。

(5) 行動計画の工程表
　戦略的計画を実施するための手順を以下に示すことにする。
　短期の工程
　　① リーダーシップを担うチームを改める。
　　② 顧客志向の接客と増収技法に焦点を合わせた従業員訓練プログラムの

実施。
　③　計画実施に必要な財務資源の確保。
中期の工程
　①　機械設備の取り付けおよびエネルギー管理システムの設置。
　②　すべての客室および顧客の共用スペースの改装。貯蔵スペースの増床ならびに会合とコンベンション用の空間に間仕切りを増設。
　③　新装したことを一般の人に広く知らせるためのマーケティング計画の実施。
長期の工程
　①　最近進出してきた競合ホテルの提供する価格／価値よりもメリットの高いホテルとして利用客に認めてもらえるように資質を充実させること。
　②　オーナーの承認が得られる利益業績にまで高めること。
（出所：M.A.Casado（2005）pp. 112-114.[12]）

---

(12)　この事例研究は，M.A.Casado の研究の筋書きや趣旨を残しながら修正を加えたものである。地名，固有名詞，数字等は邦訳修正したものである。

第2章 戦略的管理

１　コントロールの機能

　さて，戦略的計画が上で示してきた思考と技法に基づいて策定できれば，次は戦略的計画の実現過程となる。ここでは，戦略の決定から戦略的計画の策定，その実現化に至るまでの戦略的管理活動について述べることにする。

　戦略的管理の目的は，業績を確保できるような短期および中-長期のロードマップを示すために，会社のミッションとビジョンを展開することにある。

　ミッションすなわち「使命」は，前章でも触れたように，ステートメントのかたちで示す必要がある。ミッション・ステートメントは，組織の存在意義と実践可能な企業責任を表明し，組織がどのようなもので何をするのか，いかに誰のために行うのかを規定し組織の方向感覚を与えるものであるから，誰にも分かり易くしかも顧客のニーズを考慮に入れて設定する必要がある。これについて，Casado は，後で述べるビジョンとともにミッション・ステートメントに含めるべき内容を，次のように示している[1]。

① 市場における立地を明らかにする。
② 資源配分の指針を提供する。
③ 顧客層の絞り込みを示す。
④ 販売価格のレベルと顧客層との関係を明らかにする。
⑤ 成長戦略を示す。
⑥ 内部におけるコントロール，評価，コミュニケーションの基礎を提供する。
⑦ その他。

---

[1]　M.A.Casado（2005）pp. 114-115.

一例をあげると次のようになる。「われわれの使命は，次の手段を通じてわが国で最も良いホテルチェーンになることである。
① 最も優雅で清潔でありかつ洗練されたサービスと諸施設を提供する。
② お客様一人一人に最善のサービスを提供する。
③ 地域社会に貢献する構成員となり，企業市民となる。」
というように，簡明な文章で表現されることがある。このステートメントでは，会社の基本理念とともに使命を実現するためにトップ層を導く行動指針をあわせて示している。

ちなみに，わが国のホテルを代表する企業の例を次にあげておくことにしよう。最初に帝国ホテルである。

企業理念

帝国ホテルは，創業の精神を継ぐ日本の代表ホテルであり，国際的ベストホテルを目指す企業として，最も優れたサービスと商品を提供することにより，国際社会の発展と人々の豊かでゆとりある生活と文化の向上に貢献する。

行動指針

・私たちは，その伝統を十分認識し，お客様の要請を発想の原点として，提供する総てのサービス，技術の向上改善に徹し，新しい価値の創造に努める。
・私たちは，創意工夫と挑戦の精神を尊重し，かつ協調と調和の態度を貫くことにより総合力の向上を追求する。
・ホテル業が，人を原点とすることを正しく理解し，規範たるホテル十則の導く行動に徹する。

この後，「帝国ホテル十則」へと続く。この帝国ホテルの理念と指針は，ホスピタリティの考え方を活かしているといえるが，現場の成員にはやや難解と解されるかもしれない。

次に，リッツ・カールトンをあげることにする。

クレド

リッツ・カールトンはお客様への心のこもったおもてなしと快適さを提供することをもっとも大切な使命とこころえています。

私たちは，お客様に心あたたまる，くつろいだそして洗練された雰囲気を常

にお楽しみいただくために最高のパーソナル・サービスと施設を提供することをお約束します。

　リッツ・カールトンでお客様が経験されるもの，それは感覚を満たすここちよさ，満ち足りた幸福感そしてお客様が言葉にされない願望やニーズをも先読みしておこたえするサービスの心です。

　この後，「モットー」へと続く。このリッツ・カールトンのミッション・ステートメントは，ホスピタリティの考え方を具体的に表現しているし，現場の成員にも受け入れやすいように工夫されている。

　企業により表題は異なるが，多くの企業はミッション・ステートメントを最初に掲げ，行動指針をあわせて示している。

　次に，ビジョンであるが，これは組織の努力目標を示す。たとえば，次のような内容になるであろう。

① 地域でナンバーワンを目指す。
② われわれの最も重要な資質は，真摯さである。
③ 顧客には，おもてなしの心で積極的に対応する。
④ 毎日清掃に励む。
⑤ 宿泊部門も飲食部門も年中営業を続ける。

　以上にみるように，ビジョンは，戦略的な色が濃くなり戦略的思考の成果であるとともに戦略展開のための一つの手段として選択されるものである。

　組織は，こうしたミッションとビジョンを定めることによってコントロールが遂行しうるようになる。このコントロール展開の中心となるプロセスは，戦略的ビジョンに基づく戦略的目標の設定—戦略の実践となる。

　戦略的目標は，会社が達成しようとする一連の長期目標のことで，戦略的ビジョンから導かれる合理的に達成可能な目標または挑戦的な高めの水準として，企業によりさまざまに設定される。目標は，年度ごとに資本利益率7％以上とするように，財務の数値で示される。

2　戦略の実施とマネジメント・コントロール

　戦略の実施は，主にマネジメント・コントロールの課題である。マネジメント・コントロールは，企業の職能部門を中心とした管理活動である。マネジメント・コントロールは，タスク・コントロールと区別される管理機能であるが，戦略の実施には現業部門の貢献は欠かせないので，以下では，これら三つの職能の関係と意思決定の実例を示すことにする[2]。

図表2-1　意思決定の関係

戦略的計画	マネジメント・コントロール	タスク・コントロール
新メニューの導入	厨房設備拡張計画	調理計画
自己資本の充実化	自己株式の取得	現金管理
研究開発の方針	研究組織の組織化	研究プロジェクト
在庫政策	在庫量の決定	発注管理

　このように，マネジメント・コントロールとタスク・コントロールは，企業組織に上層・中層・下層の管理階層が存在するなら，中層および下層の管理者が担う職能であり，その意味で戦略的活動とは明確に区別されるので，以下ではマネジメント・コントロールとタスク・コントロールとの相互関係を考慮に入れながら述べていくことにする。

3　ホスピタリティ活動の管理

　ホスピタリティ事業における諸資源の管理は，予算管理，在庫管理，および会計手続によって遂行される[3]。なかでも，食料品および飲料品という食材の在庫管理は，事業のコストパーセントの把握のために極めて重要である。これらの計数的手段は，コミュニケーションの手段として効果的に機能することが求められるので，一定のルールにしたがうだけでなく正確に測定し，情報の受け手に誤解されないようなものでなければならない。その意味でも，管理会

---

(2)　これの詳細は，次の著書を参照。R.N.Anthony, *The Management Control Function* (Harvard Business School, 1988) p. 59.

(3)　M.A.Casado (2005) p. 83.

図表2-2　情報のフロー

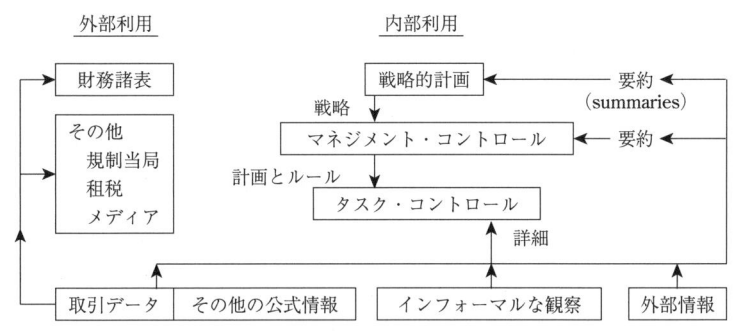

```
外部利用              内部利用

財務諸表           戦略的計画  ←――  要約
                      ↑            (summaries)
その他           戦略 │
規制当局           マネジメント・コントロール ←―― 要約
租税                  ↑
メディア       計画とルール │
                  タスク・コントロール
                      ↑
                   詳細 │
取引データ │ その他の公式情報 │ インフォーマルな観察 │ 外部情報
```

出所：R. N. Anthony, *The Management Control Function*, p. 122.

計技法，原価の測定・概念の把握は優先されるべき命題となる。以下では，この点について順次述べていくことにする。

問題（1）

　新しい5品目のブランドメニューを来シーズンの夕食メニューに加えることを決定した。これらの新しいメニューの採用は，多くの部門や職能に影響を与える。そこで，影響を受ける職能領域をあげて，そこで生ずるであろう諸問題を示しなさい。

解　答

職能領域	職能領域において生ずると思われる課題
購　買	新しいメニューの材料はすべてこの地域でしかもたやすく手に入るのか？　配達頻度の問題があるか？新しいメニューの原価計算に必要な材料費は何か？　これらの材料費は安定するのか，大幅に変動するのか？
在　庫	特種の冷凍あるいは乾燥貯蔵の必要があるのか？　新しいメニュー品目を正確に貯蔵するための十分なスペースがあるのか？　新品目を生産するために設備を増設する必要があるか？　発生する原価，またスペースと動力はどれほど必要か？　料理担当従業員の訓練を必要とするか，そのための費用が必要になるか？
営業とサービス	新品目の販売価格をいくらにするか？　そのことが現在のメニューに与える影響は何か（たとえば，セールスミックスに関して）？　アルコール飲料の需要に及ぼす影響は何か（たとえば，

いかなる新しいワインが用意されるべきか)？　もし必要であれば，いかなるサービス用の新設備が必要か？　サービス要員の訓練費はいくらかかるか？　新しいメニューの印刷費はいくらか？

問題（2）

　フロントオフィスに新しいコンピュータ情報システムを導入することにした。この新しい情報システムが提供すべき基本的な過去の顧客データについて，ホテルのマーケティングマネジャーの立場からみて必要な10項目をあげてください。

解　答

　鍵となる項目は状況により異なるので，本来は多様なものとなる。そこで，10項目のみをあげるとすれば，以下の諸項目から選べばよい。

顧客名簿	到着日と出発日
会社名	客室の単価とタイプ
郵便番号を含む住所	支払額
電話番号（自宅と勤め先）	支払い方法
予約日	特別の要求
予約元	滞在日数
予約の方法	最近の3または4日滞在の情報
	マーケット・セグメント

問題（3）

　ホスピタリティ事業では売上高に占める人件費の割合がしばしば高くなる。ほとんどのホテル・レストランでは，給料支払い管理，従業員管理，給料の送金額の法的要件などについてのデータが提供できる充実した経営情報システムを持っている。しかしながら，基本的な給料支払い要件以外のデータの提供を可能にする情報システムを運用していないのが現状である。そこで，パーソナル情報システムが提供しうる従業員についての情報を8項目あげてください。

解　答

以下の鍵項目のなかから選ぶことになるあろう。

従業員の経歴およびキャリア形成	内部昇進率
技能蓄積	労働生産性
教育のグレードアップ	計画的欠勤率
従業員のモラル	表彰プログラム
従業員の姿勢	苦情の頻度
労働回転率	

問題（4）

某社は 20,000 円の小口現金制を採用している。資金係が 5 月 31 日締め切りの当月分として 15,900 円を請求してきた。そこで，小口現金出納帳と金庫をチェックしたところ，以下のようになっていた。（単位：円）

5月	金額	使途
2	1,500 円	茶菓子代
4	1,100	クリーニング代
6	4,000	花瓶と花代
7	1,200	事務用消耗品
12	1,100	切手代
16	3,600	時間給労働
23	1,800	事務用消耗品
26	1,600	タクシー代
合計	15,900 円	現金残高 3,100 円　　充当額

資金係は，領収書に基づいて支払い額を記録している。実際に小口現金資金として支払った金額と現金残高を計算してください。

解　答

　　　　支払限度額 － 支払額（領収書）＝ 現金残高
　　　　　20,000　　 －　　　15,900　　　＝ 4,100

　　正しい現金残高　　　　　＝ 4,100
　　小口現金出納係の現金残高＝ 3,100
　　　　現金不足　　　　　　＝ 1,000

上記のような現金不足という不手際の発生を防ぐためには，小口現金を支払うときに出納帳をチェックし，さらに定期的に帳簿を点検する必要がある。

(出所： 以上の（1）（2）（3）の3問題は，次の業績から引用したものである。M. G.Jagels（2007）Chapter 14.）

> # 第3章

市場調査

⃞1 市場調査の要点

　前章では，戦略的思考から戦略的計画の作成を経て戦略的管理に至るまでの流れについて述べてきた。そのなかでSWOT分析にも触れてきた。だが，たとえば戦略的分析を行って新しくホテル開業案を提案するに至ったとしても，この案の採否を最終決定するためには，財務的な状況分析に基づくデータの裏付けがなければならない。

　市場調査は，現時点の市場や業界の状況を把握し，将来の可能性を探るための財務分析である。それ故に，通常ではホテルを開業しようとするときや新しい活動を展開する場合に求められるものであって，ベンチャーの展開を保証するとか既存のホテルにおける価格決定に役立つようなデータを提供するものではない。ホテル・ビジネスの場合，市場調査において重要な視点は，ある地域における現在の客室の需要と供給を分析することにある。この分析では，Jagelsによると，次の四つの基本的な情報を必要としている。

① 少なくとも過去5年間の客室の稼働率。当該地域で営業している他のホテルのデータがあれば一層効果的である。
② 地域において営業しているすべてのホテルのリスト。それらのホテルは，最も競争力の高いホテル，やや競争力のあるホテル，および競争力のないホテルに3分類する。
③ 競争力情報。最も競争力の高いホテルについて，その要因をあらわす情報を入手する。客室稼働率，飲食部門の回転率や市場の構図などの情報があればよい。
④ 需要の源泉。シティホテルの場合，大きく三つに分けられる。ビジネスマン，休暇を楽しむ旅行者や一般旅行者，および集会や会議への参加者

というカテゴリーに分類される。各カテゴリーの情報がつかめればよい。
他方，レストランの場合にも，基本的な情報が必要である。ここでは，Kotas からの引用になる。

① 顧客の人物像，これはかなり詳細に，たとえば出身地，年齢，性別，身分などを調べる。
② 顧客の購買力

これらの情報によって，メニュー・アイテムの幅を決定し，またサービスのタイプを決定することができる[1]。

2 需要供給分析

ホテル経営にとって，将来の需要量を予測するためには現在の客室稼働率を把握することが極めて重要である。需要は以下のように計算する。

1．地域における現在の需要量

ホテル名	ホテルの客室数	平均稼働率（％）	需要量
A	300	80％	240
B	160	75	120
C	100	90	90
D	250	70	175
E	320	85	272
合　計	1,130		897

上記の各ホテルの平均稼働率から判断すれば，このカテゴリーは地域において最も競争力のあるシティホテルからなるとみることができる。これらのホテルの平均稼働率は，次のように計算することができる。

年平均稼働率＝総需要量／ホテル全体の客室数
　　　　　　＝897／1,130
　　　　　　＝79.4％

（1） この点については，次の業績を参照されたい。
　　 M. J. Jagels, (2007) pp. 529-530.
　　 R. Kotas (1999) p. 125.

2. 成長率予測

次に、ホテル利用者をタイプ別にとり、現在の稼働率と将来の成長率（見積）を結びつけてみると、以下のようになる。

利用者のタイプ	現在の稼働率	×年々の成長率（％）＝	合成成長率
ビジネスマン	60％	8％	4.8％
休暇での宿泊客	30％	5％	1.5％
その他	10％	4％	0.4％
合　計	100％		6.7％ （加重平均値）

(1) 上記の成長率予測によれば、年々の全利用者の見積増加率が6.7％となるので、現在の総需要量897室に対して、今後5年間の客室の必要量を算出すれば以下のようになる。

年	総需要量	×　成長率（％）＝	客室必要量
1	897	106.7	957
2	957	106.7	1,021
3	1,021	106.7	1,089
4	1,089	106.7	1,162
5	1,162	106.7	1,240

上記で取り上げた5社のホテルは、いずれも最も競争力の高いホテルばかりであるので平均稼働率が79.4％にもなる。これに対して、年々の成長率6.7％での総需要量を確保しながら、採算点を上回るレベルにまで稼働率が下降する場合の下限値である平均稼働率を70％とすれば、次のような計算ができる。

　　　現在の総需要量／平均稼働率＝必要客室数
　　　　　897／70％　　＝1,281

(2) 平均稼働率が下降する要因にはさまざまなものがあるが、競合するホテルが増えることもその一つにあげられるし、環境の変化も予想される。将来の年々の見積稼働率の増加が6.7％であれば、上記のホテル全体の供給量は総需要量を下回ることになるので、客室数の増加が要求されることになる。(1)のデータに基づいて計算すると次のようなる。

年	客室総需要量	÷稼働率（％）＝	必要客室数	現在の供給量	不足量
現在	897	70	1,281	1,130	151
1	957	70	1,367	1,130	237

2	1,021	70	1,459	1,130	329
3	1,089	70	1,556	1,130	426
4	1,162	70	1,660	1,130	530
5	1,240	70	1,771	1,130	641

　上の計算表をみると，たとえば1年目には237の客室が不足することになるが，この不足分を新しく開業するホテルが穴埋めすれば全体の平均稼働率は70％になる。この不足量は年々累積していくので競合するホテルの進出を誘発することになる。既存のホテルがこうしたリスクを避けるためには，稼働率を高める努力が必要になるであろう。そのためには，マーケティング活動を積極的に展開するだけでなく，品質原価管理，ABCなどのホスピタリティ管理会計の支援を求める必要がある。また，収容能力を高めるための投資も必要になる。

③ 財 務 分 析

　市場調査に基づいて作成する重要な資料に，プロジェクトの見積損益計算書がある。以下では，Jagelsのモデルは簡潔明瞭であるので，その計算例を参考にしながら説明を加えていくことにする[2]。

1．プロジェクトの財務計画

開業前の投下資本計画は，以下のようになる。（単位：千円）

土　　　　地	400,000
建　　　　物	1,500,000
設備および什器備品	800,000
借入に伴う先払利子	100,000
開業費	120,000
運転資本	20,000
合　　　計	2,940,000

　上の投資案に基づいて資金調達計画を作成すると，以下のようになる。

（2）M.J.Jagels (2007) Chapter 13. なお，この章において提示した問題と解答は，Jagelsのモデルに加筆を行ったものである。

	負　債	自己資本	合　計
土地・建物	1,400,000	500,000	1,900,000
設備および什器備品	720,000	80,000	800,000
借入に伴う先払利子		100,000	100,000
開業費		120,000	120,000
運転資本		20,000	20,000
合　計	2,120,000	820,000	2,940,000

(1) まず負債の返済計画から取り上げることにする。土地・建物の借入金 1,400,000 は，20年ローンの契約で最初の 5 年間が 10％の利子率となっている。毎年支払う元利合計額が一定額 (190,000) となる元利均等払いの場合，5 年間の返済計画は，次のような計算になる。

年	年支払額	利　子	元　金	残　高
				1,400,000
1	190,000	140,000	50,000	1,350,000
2	190,000	135,000	55,000	1,295,000
3	190,000	129,000	61,000	1,234,000
4	190,000	123,000	67,000	1,167,000
5	190,000	117,000	73,000	1,094,000

＊ 端数のない数字にしてある。

また，設備および什器備品の負債額 720,000 は，動産担保での借入で 8％の利子率が付いている。借入金は，5 年の元利均等払いで全額返済しなければならない。5 年の返済計画は，次のようになる。

年	年支払額	利　子	元　金	残　高
				720,000
1	180,000	58,000	122,000	598,000
2	180,000	48,000	132,000	466,000
3	180,000	38,000	142,000	324,000
4	180,000	26,000	154,000	170,000
5	183,000	13,000	170,000	0

＊ 端数のない数字にしてある。第 5 年度は支払いを完了させるために 3,000 増額してある。

(2) 自己資本 820,000 の内訳は，土地・建物に 500,000，設備・什器備品に 80,000 を使い，残りを建設用借入金の先払い利子 100,000 と開業費 120,000 （営業開始後 4 年間で償却する）その他に充てることにしている。この利子は，

あとで建物の減価償却費として毎年費用計上していくことになる。開業前に，月ごとの財務の動きを示す自己資本の投資計画を作成しておけば，投資家はこの資料に基づいて当該計画を評価することができるであろう。その資料は，たとえば，次の図表3-1のようになる。

図表3-1　投資計画

開業前の月数	自己資本額	土地・建物	設備・備品	先払利子	開業費	運転資本
19	162,000	161,000		1,000		
18	11,000	9,000		2,000		
17	11,000	9,000		2,000		
16	13,000	11,000		2,000		
15	24,000	21,000		3,000		
14	25,000	24,000		3,000		
13	26,000	23,000		3,000		
12	26,000	23,000		3,000		
11	27,000	22,000		4,000		
10	28,000	23,000		4,000		
9	29,000	24,000		5,000		
8	29,000	23,000		6,000		
7	30,000	23,000		7,000		
6	31,000	23,000		8,000		
5	46,000	23,000	14,000	9,000		
4	62,000	18,000	13,000	9,000	22,000	
3	77,000	18,000	26,000	9,000	24,000	
2	78,000	18,000	27,000	10,000	23,000	
1	85,000	4,000		10,000	51,000	20,000
合計	820,000	500,000	80,000	100,000	120,000	20,000

(3) 見積損益計算書および見積現金移動表

(a)減価償却費計算

建物減価償却費

年	定率（%）				償却費	残高
						1,500,000
1	6.5%	×	1,500,000	=	98,000	1,402,000
2	6.5	×	1,402,000	=	91,000	1,311,000
3	6.5	×	1,311,000	=	85,000	1,226,000
4	6.5	×	1,226,000	=	80,000	1,146,000
5	6.5	×	1,146,000	=	74,000	1,072,000

設備および什器備品減価償却費

年	定率（%）				償却費	残高
						800,000
1	25 %	×	800,000	=	200,000	600,000
2	25	×	600,000	=	150,000	450,000
3	25	×	450,000	=	113,000	337,000
4	25	×	337,000	=	84,000	253,000
5	25	×	253,000	=	63,000	190,000

減価償却費は，定率法を採用し計画期間5年までの計算を示している。次に，売上高と営業費を見積ることにする。

(b)売上高

宿泊部門は，客室100室，宿泊料金を1年目60，2年目から70に設定し365日営業するとして計算する。初年度の稼働率が65％，2年目から70％の場合，以下のようになる。

　　　初年度　　　$100 \times 65\% \times 60 \times 365 = 1{,}423{,}500$
　　　2年目から　　$100 \times 70\% \times 70 \times 365 = 1{,}788{,}500$

飲食部門は，喫茶部門と食堂部門があれば部門ごとに売上げは異なる。いま，喫茶部門の売上高は，座席数70，回転率が1で平均料金を10とすれば，以下のようになるが

　　　$70 \times 1 \times 10 \times 365 = 255{,}500$

ラウンジサービスやルームサービスなど多様なサービスを行っている場合には，それらを総合して計上する必要がある。

(c)営業費

営業費は，宿泊部門および飲食部門について人件費とその他直接費とに分けて計算することにする。簡単な損益計算を示せば，次のようになる。なお，2年目以降の売上高を増加させるために，対策を講じることにしている。

	宿泊部門		飲食部門			合計
	1年目	2年目以降	食事	飲料	部門小計	
売 上 高	1,423,000	1,788,000	1,650,000	1,100,000	2,750,000	5,961,000
売 上 原 価			785,000	277,000	1,062,000	1,062,000
売上総利益			865,000	823,000	1,688,000	4,899,000
人 件 費	305,000	355,000			905,000	1,565,000
その他直接費	67,000	71,000			450,000	588,000
部門営業利益	1,051,000	1,362,000			333,000	2,746,000

＊ 1,000（千円）未満の端数はないようにしてある。

　宿泊部門は，2年目以降の宿泊料金と稼働率を高めるために，毎年54,000の費用（人件費50,000＋その他直接費4,000）が必要になると考えて増額計上している。以上の計算データを踏まえて見積損益計算を作成すると次の図表3-2のようになる。

図表3-2　見積損益計算書

科　目／年	1	2	3	4	5
部門営業利益					
宿泊部門	1,051,000	1,362,000	1,362,000	1,362,000	1,362,000
飲食部門	333,000	333,000	333,000	333,000	333,000
計	1,384,000	1,695,000	1,695,000	1,695,000	1,695,000
固定費（販管費）	593,000	593,000	593,000	593,000	593,000
開業費	30,000	30,000	30,000	30,000	
利子・償却前利益	761,000	1,072,000	1,072,000	1,072,000	1,102,000
支払利息	198,000	183,000	167,000	149,000	130,000
減価償却費	298,000	241,000	198,000	164,000	137,000
税引前営業利益	265,000	648,000	707,000	759,000	835,000
法人税（40％）	106,000	259,000	283,000	304,000	334,000
純　利　益	159,000	389,000	424,000	455,000	501,000

＊　端数のない数字にしてある。

　次に，見積現金移動表（図表3-3参照）を作成することにする。

図表3-3　見積現金移動表

科　目／年	1	2	3	4	5
純　利　益	159,000	389,000	424,000	455,000	501,000
減価償却費	298,000	241,000	198,000	164,000	137,000
開　業　費	30,000	30,000	30,000	30,000	
現金増加額	487,000	660,000	652,000	649,000	638,000
元金支払額	(172,000)	(187,000)	(203,000)	(221,000)	(243,000)
正味キャッシュフロー	315,000	473,000	449,000	428,000	395,000

3 財務分析

見積損益計算書および見積現金移動表は，市場調査データに基づいて5年間にわたる需給関係などの見積りを総括して作成した予測財務諸表である。経営者は，この財務諸表に基づいて戦略や計画を策定することができる。だが，これらの財務諸表は，諸資源の運用展開の可能性を与えることができても，事業の成功を保証するような長期経営計画や予算ではない点に注意する必要がある。目標形成および目標達成のためには，コントロールの観点からの様々な工夫を施す必要がある。

問題（1）

150席の客席を持つレストランが見積財務表を作成しようとしている。このレストランは，年間52週営業し，その間月曜日から土曜日までランチとディナーを，日曜日にはディナーのみを提供することにしている。客席の回転率と平均売上単価の見積りは以下のようになる。

	客席の回転率	平均売上単価	（単位：円）
平日昼食	1.60	560	
平日夕食	1.30	1,200	
日曜日夕食	1.55	1,350	

その他の見積り
① 宴会室の売上高：年間を通して月当たり 1,100,000。
② アルコール飲料の売上げ：昼食売上げの 10 %，夕食売上げの 25 %，宴会室売上げの平均 40 %。
③ 料理の売上原価：料理売上高の 30 %。
　飲料の売上原価：飲料売上げの 25 %。
④ 人件費：給料は年間 36,000,000。
　賃金は年間料理売上高の 19 %。
　従業員手当は年間の給料と賃金を合わせた合計額の 11 %。
⑤ その他の営業費：年間料理売上高の 19 %。
⑥ 年間の間接費総額：21,000,000。

以上のデータに基づいて見積損益計算書を作成しなさい。ただし，所得税

は無視する。

解　答

年度損益計算書

料理売上高
　平日昼食（150×6×52×1.6×560）　　41,932,800
　平日夕食（150×6×52×1.3×1,200）　　73,008,000
　日曜日夕食（150 ×52×1.55×1,350）　　16,321,500
　宴会（12×1,100,000）　　13,200,000
　　料理売上合計　　　　　　　　　　　　　　144,462,300

飲料売上高
　昼食（10％×41,932,800）　　4,193,280
　夕食［25％×（73,008,000+16,321,500）］　　22,332,375
　宴会（40％×13,200,000）　　5,280,000
　　飲料売上合計　　　　　　　　　　　　　　31,805,655
　　　売上高総計　　　　　　　　　　　　　　176,267,955

売上原価
　料理費（30％×144,462,300）　　43,338,690
　飲料費（25％×31,805,655）　　7,951,414
　　売上原価合計　　　　　　　　　　　　　（51,290,104）
　　　売上総利益　　　　　　　　　　　　　　124,977,851

営業費
　給料　　36,000,000
　賃金（19％×144,462,300）　　27,447,837
　　給料および賃金合計　　63,447,837
　従業員手当て（11％×63,447,837）　　6,979,262
　その他の営業費（19％×144,462,300）　　27,447,837
　間接費　　21,000,000
　　営業費合計　　　　　　　　　　　　　（118,874,936）
　　　営業利益合計　　　　　　　　　　　　　6,102,915

問題（2）

小磯（株）がホテルを新築しようとしている。この投資には，以下に示す資金が必要になる。（単位：円）

　　土地の取得費：50,000,000
　　建物建築費：230,000,000
　　什器備品：70,000,000
　　前払費用と開業前利子：20,000,000
　　開業時の運転資本：5,000,000

この投資に要する資金は，自己資金と借入金で賄われる。借入金の調達および返済計画は以下に示す3種類の方法による。

① 銀行からの借入金：187,000,000（この借入金は，抵当権が付いて25年払いである。）は元利均等払い（利子率10％）で毎年一定額を返済する。その金額は20,495,000 である。

② 動産抵当の借入金：55,000,000。これは，元金均等返済で5年にわたって毎年払い戻す。利子率は15％である。

③ 銀行からの借入ローン：35,000,000。5年にわたり元金均等払いで毎年返済する。利子率は8％である。

設問：（1）必要な自己資金額を計算しなさい。
　　　（2）抵当権が付いた銀行借入金の最初の5年間の返済計画を作成しなさい。
　　　（3）動産抵当権が付いた借入金の返済計画を作成しなさい。
　　　（4）銀行ローンの返済計画を作成しなさい。

解　答

（1）必要な総投資額：
　　50,000,000＋230,000,000＋70,000,000＋20,000,000＋5,000,000
　　＝375,000,000
　　借り入れ総額： 187,000,000＋55,000,000＋35,000,000＝277,000,000
　　自己資金額： 375,000,000－277,000,000＝98,000,000

（2）5年度までの抵当権付き借入金の返済計画

46　第3章　市場調査

年	利子	元金	残高
0			187,000,000
1	18,700,000	1,795,000	185,205,000
2	18,520,500	1,974,500	183,230,500
3	18,323,050	2,171,950	181,058,550
4	18,105,855	2,389,145	178,669,405
5	17,866,940	2,628,060	176,041,345

元利均等返済（20,495,000）の場合，利子部分は年々漸減するが元金は逆に漸増していく。

（3）動産抵当権が付いた借入金の返済計画

年	利子	元金	残高
0			55,000,000
1	8,250,000	11,000,000	44,000,000
2	6,600,000	11,000,000	33,000,000
3	4,950,000	11,000,000	22,000,000
4	3,300,000	11,000,000	11,000,000
5	1,650,000	11,000,000	0

（4）銀行ローンの返済計画

年	利子	元金	残高
0			35,000,000
1	2,800,000	7,000,000	28,000,000
2	2,240,000	7,000,000	21,000,000
3	1,680,000	7,000,000	14,000,000
4	1,120,000	7,000,000	7,000,000
5	560,000	7,000,000	0

元金均等返済では，借入残高の減少に伴い利子部分は減少する。

第4章 財務分析

1 財務分析の体系

　財務諸表分析の方法は，基本的に実数分析と比率分析に区分される。実数分析には，当期の財務数値を過去の年度の財務数値と比較する時系列分析，財務諸表の共時または同期の実数の縦系列の比較がある。前者を水平的通時性分析，後者を垂直的共時性分析と呼ぶこともある。この分析には，さらに企業間

図表4-1　デュポンシステム

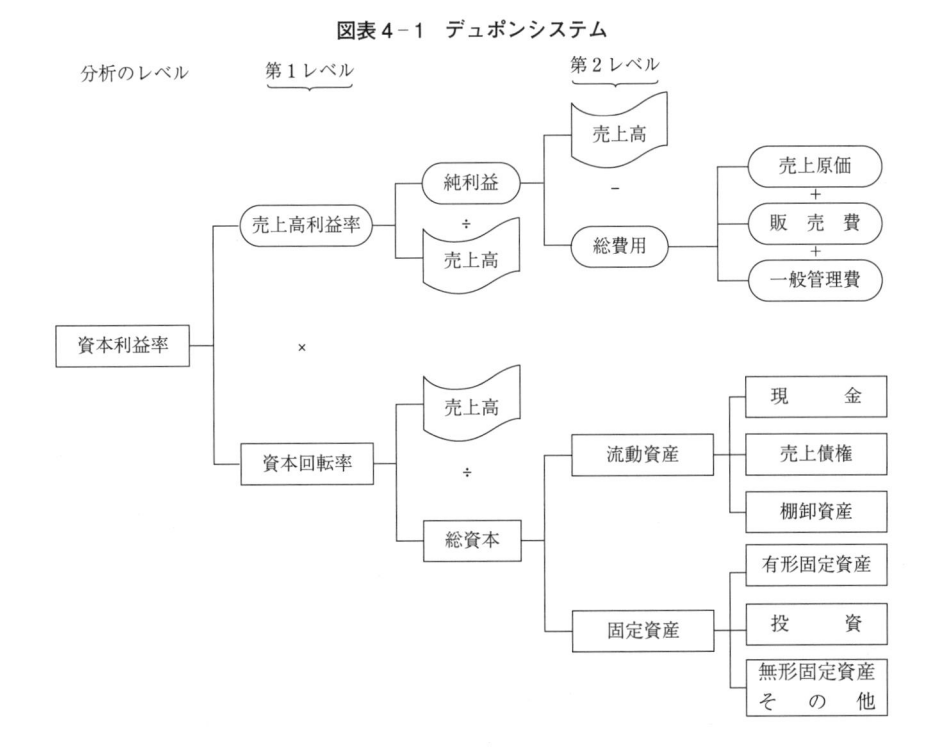

```
分析のレベル    第1レベル              第2レベル

                                        売上高                    売上原価
                            純利益  ─            ─                  +
                                    ÷           総費用              販売費
                  売上高利益率      売上高                            +
                                                                  一般管理費
  資本利益率  ─
                  ×
                                                                   現  金
                                        売上高
                                                     流動資産        売上債権
                            資本回転率  ÷
                                        総資本                      棚卸資産

                                                                  有形固定資産
                                                     固定資産        投  資
                                                                  無形固定資産
                                                                  そ の 他
```

48　第4章　財務分析

における経営比較がある。比率分析は，財務数値の分子が分母に占める割合をあらわす分数である比率によって分析しようとするもので，財務数値を比率化して示す方法であることから，合理的な分析技法と考えられてきた。しかし，比率分析法は，比率が数多く存在することから単なる指標の羅列に陥るという課題を伴う。そこで，合理的に分析を行うためには体系が必要になるというわけで，この体系を代表するものに，デュポンシステムがある。このシステムは図表4-1のようなものである。

　資本利益率は，売上高利益率と資本回転率とに分解することができる。売上高利益率の系統を探っていくと結果的に原価管理の問題になる。他方，資本回転率の系統を探っていけば資産管理の問題になる。このように，この等式は企業のステークホルダーに有効な情報を提供することができる。ここでは，Tホテルの財務諸表を利用しやすいように整理した諸表に基づいて，財務諸表分析を説明することにする。なお，このデータは，当ホテルの平成X1年有価証券報告書総覧およびその他の決算広告によるので，外部分析では知り得ないデータが存在することに留意する必要がある。

図表4-2　財務諸表
要約貸借対照表
(単位：百万円)

	前事業年度 (平成X0年3月31日)	当事業年度 (平成X1年3月31日)
資産の部		
流動資産		
現金及び預金	8,011	13,393
売掛金	3,516	2,961
有価証券	3,693	997
貯蔵品	353	392
前払費用	145	144
繰延税金資産	723	637
未収入金	346	361
その他	218	206
貸倒引当金	△17	△25
流動資産合計	16,991	19,069
固定資産		
有形固定資産		
建物	99,835	100,610
減価償却累計額	△72,454	△71,873
建物（純額）	27,380	25,736
構築物	810	820

減価償却累計額	△ 545	△ 574
構築物（純額）	264	216
機械及び装置	4,570	4,531
減価償却累計額	△ 3,555	△ 3,616
機械及び装置（純額）	1,014	914
車両運搬具	61	62
減価償却累計額	△ 38	△ 40
車両運搬具（純額）	23	21
工具，器具及び備品	10,473	10,971
減価償却累計額	△ 8,358	△ 9,002
工具，器具及び備品（純額）	2,114	1,968
土地	7,565	7,565
有形固定資産合計	38,363	36,454
無形固定資産	1,317	1,525
投資その他の資産	10,886	8,377
固定資産合計	50,568	46,356
資産合計	67,559	65,426
負債の部		
流動負債		
買掛金	1,593	1,430
未払金	2,328	388
未払法人税等	891	760
未払消費税等	184	280
未払費用	2,105	1,800
その他	2,699	2,680
流動負債合計	9,805	7,341
固定負債		
固定負債合計	12,433	11,928
負債合計	22,238	19,270
純資産の部		
株主資本		
資本金	1,485	1,485
資本剰余金		
資本準備金	1,378	1,378
利益剰余金		
利益準備金	371	371
その他利益剰余金		
別途積立金	38,441	40,141
繰越利益剰余金	3,577	2,715
利益剰余金合計	42,089	43,227
自己株式	△ 74	△ 74
株主資本合計	44,878	46,016
評価・換算差額等		

50　第4章　財務分析

その他有価証券評価差額金	442	140
純資産合計	45,320	46,156
負債純資産合計	67,559	65,426

要約損益計算書
（自　平成X0年4月1日　至　平成X1年3月31日）

売上高	
室料売上	10,093
料飲売上	17,779
サービス売上高	3,046
賃貸収入	6,399
その他	17,899
売上高合計	55,219
材料費	12,966
販売費及び一般管理費	39,291
営業利益	2,961
営業外収益	505
経常利益	3,466
特別損失	97
税引前当期純利益	3,368
法人税，住民税及び事業税	1,013
法人税等調整額	207
法人税等合計	1,221
当期純利益	2,146

主要な事業所の収容能力及び収容実績

① T ホテル本社　　当連結会計年度（自　平成X0年4月1日　至　平成X1年3月31日）

項目	収容能力	収容実績	利用率	一日平均
客室	366,825 室	262,896 室	71.7 %	720 室
食堂	451,505 名	1,519,810 名	3.4 回転	4,164 名
宴会	1,368,750 名	677,668 名	0.5 回転	1,857 名
委託食堂	202,940 名	243,092 名	1.2 回転	666 名

② T ホテル大阪　　当連結会計年度（自　平成X0年4月1日　至　平成X1年3月31日）

	収容能力	収容実績	利用率	一日平均
客室	139,065 室	103,363 室	74.3 %	283 室
食堂	215,350 名	370,945 名	1.7 回転	1,016 名
宴会	963,600 名	425,241 名	0.4 回転	1,165 名
委託食堂	34,310 名	49,230 名	1.4 回転	135 名

1．収益性分析 （円単位省略…以下同様）

（1）総資本利益率＝経常利益／平均総資本（×100）
　　　　　　　　＝3,466／66,493（×100…以下では省略）
　　　　　　　　＝5.21 %

分母は平均化してある。平均化は以下の計算による。

平均総資本66,493＝（期首総資本67,559＋期末総資本65,426）／2　なお，以下の指標の算出における分母の平均化は同様の計算式による。

（2）経営資本利益率＝営業利益／平均経営資本
　　　　　　　　　＝2,961／53,836
　　　　　　　　　＝5.5％

　経営資本は、経営活動に投入されている機能資本のことである。上掲の資料によれば、当該資本は、未稼働資産諸項目、たとえば有価証券、投資その他の資産、それに期間利益の会計処理により計上されている項目である繰延資産諸項目などの資産を除いた資産になる。したがって、当期の経営資本は以下のとおりとなる。

　　　　経営資本＝総資本－（未稼働資産＋投資その他の資産＋繰延資産）
　　　　　　　　＝65,426－（997＋8,377＋637）
　　　　　　　　＝55,415
（3）自己資本利益率＝税引前純利益／平均自己資本
　　　　　　　　　＝3,368／45,738
　　　　　　　　　＝7.36％
（4）売上高利益率＝営業利益／売上高
　　　　　　　　＝2,961／55,219
　　　　　　　　＝5.36％
（5）一株当たり利益＝当期純利益／平均発行済株式総数
　　　　　　　　　＝2,146／29,700,000
　　　　　　　　　＝72.26円
（6）株価収益率＝一株の市場価格／一株当たり利益

2．安全性分析

　債権者は、貸借対照表の負債項目、つまり借入金や営業上の取引で生ずる買掛金などに対する債権の提供者であり、経営資産に対して等価の請求権を持っている。それ故に、通常、貸付金や営業上の債権等による返済可能性や安全性をあらわす指標に最も関心があるといえる。

（1）流動比率＝流動資産／流動負債
　　　　　　＝19,069／7,341
　　　　　　＝259.76％

　この比率は、アメリカにおいて比率分析が生成したころ銀行家比率といわれ、当時の銀行家が極めて注目する指標とされていた。銀行家の立場からは、

流動資産が流動負債の2倍以上であることが望ましいとされ，2対1の原則と呼ばれてきている。

（2）当座比率＝当座資産／流動負債
　　　　　　＝18,327／8,573
　　　　　　＝213.78

当座資産は，即座には換金不能な流動資産である棚卸資産や前払費用を流動資産から控除したものである。短期性の債権を保有する債権者がこの比率に関心を持つのは支払能力をみるためである。

（3）負債比率＝負債／自己資本
　　　　　　＝19,270／46,156
　　　　　　＝41.75％

これは，株主の投資額が1円であれば，これに対し債権者が0.42円提供していることを示す。自己資本1円に対して債権者の提供額が相対的に高くなれば，債権者のリスクは高まることになる。

（4）自己資本比率＝自己資本／総資本
　　　　　　　　＝46,156／65,426
　　　　　　　　＝70.55％
（5）固定比率＝固定資産／自己資本
　　　　　　＝46,356／46,156
　　　　　　＝100.43％
（6）負債対資産比率＝総負債／総資産
　　　　　　　　　＝19,270／65,426
　　　　　　　　　＝29.45％

この指標は，資産1円に対して0.705円（1－0.295）が自己資本によって賄われていることを示す。この比率がかなり高くなれば新規の借り入れは難しくなる。

（7）支払利子に対する利益倍率＝利子・税控除前利益／支払利子

多くの利害関係者は，この倍率がほどほどに高いことを望むであろう。なぜなら，極端に高い比率は財務レバレッジが十分に活かされていないことを意味するからである。

3. 効率性指標
総合指標

（1）棚卸資産回転率＝売上原価（材料費）／棚卸資産平均在高
$$=12,966／372.5$$
$$=34.81 \text{回転}$$

棚卸資産回転率は，棚卸資産がゼロになるまでに要する営業日数の倍数を示す。この資産の平均保有期間は，以下のように計算することができる。

棚卸資産回転期間＝営業日数／棚卸資産回転率

（2）運転資本回転率＝売上高／平均運転資本
$$=55,219／9,457$$
$$=583.90\%$$

運転資本とは，流動資産－流動負債のことである。この回転率は運転資本の利用効率を示す。ところで，分母を書き変えると，売上高／運転資本＝売上高／（流動資産－流動負債）となる。それ故に，運転資本要素を除くその他の要素，および売上高に変化がなければ，運転資本回転率が高くなることは流動比率が低くなることを意味するので，管理者はこの方を望むかもしれないが，債権者はむしろその逆の方を好むであろう。

（3）固定資産回転率＝売上高／固定資産平均在高
$$=55,219／48,462$$
$$=113.94\%$$

この比率は，固定資産の売上高に対する貢献度をみるためだけでなく，新しいプロジェクトの評価にも利用できる。

ホテル部門の効率性指標

（1）平均客室売上高＝客室総売上高／収容実績(客室数)（年間）
$$=10,093(\text{百万円})／366,259$$
$$=27,557 \text{円}$$

これは，週，月，年単位で算出する必要がある。以下では，月単位での計算例を示すことにする。

（2）客室1室当たりの実際売上高＝30日×平均客室売上高
$$=30×27,557$$
$$=826,710$$

収容実績（月平均客室数）＝366,259÷12
　　　　　　　　　　　　＝30,521.6
収容能力（利用可能客室数）（月単位）＝505,890 室（年間）÷12
　　　　　　　　　　　　　　　　　　＝42,157.5 室
客室稼働率＝収容実績／収容能力
　　　　　＝30,521.6／42,157.5
　　　　　＝72.4％

（3）人件費率＝人件費／客室総収入

人件費＝給料＋賃金＋諸手当であるが，実際に発生している人件費は標準原価と比較してその差異を計算することになる。そのさいに，重要な差異原因がみつかれば調査する必要がある。

レストラン部門の効率性比率

（1）営業期間の座席の回転率＝収容実績(客数)／収容能力(利用可能座席数)

Tホテルの本社食堂の事例によれば，回転率は，1,519,810 名／451,505 席＝3.4 回転であるから，1日平均4,163 名の利用客がいることがわかる。

回転率が低下していることがわかれば，サービスが低下しているか価格が高いか品質が低下しているかなどの諸点に留意し調査，分析する必要がある。

（2）座席当たりの売上高＝売上高／収容能力(利用可能座席数)

この売上高は，日，週，月，年単位で算出し，当該店舗の標準や地域の標準と比較する必要がある。

（3）飲料売上高対料理売上高＝飲料売上高／料理売上高

飲料売上は，通常，料理売上よりも少ないものの利益への貢献が料理売上よりも高いので，料理売上を減らさないように留意しながら飲料売上を増やすように努めることが必要である。

（4）飲料・料理売上高対客室収入＝飲料・料理売上高／客室収入

複数部門を有する企業の部門別売上高の変化の計算は，重要な意味を持つ。どの部門が最も利益貢献度が高いかを比較分析するために部門ごとの貢献利益計算を行う必要があれば，部門別の売上高データの把握は重要な管理資料の提供を可能にするからである。これらのデータに基づいて複数部門を含むPV図表を描くこともできる。この技法により宣伝広告費の予算およびディスカウントセールの実施時期の決定などを含む戦術的展開が可能となる。

2 生産性分析

1. 付加価値の意義

　企業は，外部から経営資源や用役を購入し，これを用いて生産物を製造し，あるいはこれに価値を加えて販売している。この総産出高から外部より購入した価値を控除した額である付加価値を測定する尺度が生産性と呼ばれている。生産性分析が付加価値分析とも呼ばれるのは，この付加価値に基づいて分析することにある。

　生産性の指標は，本来，産出量／生産要素の投入量として計算表示されるが，一般にはこれを価値的に生産高または売上高から外部購入価値を差し引いて把握する方法によっている。

　この付加価値の計算法には，控除法と加算法とがあり，上述の計算思考に基づくものが控除法である。しかし，この方法は外部購入価値の計算面において，意思決定問題や計算制度上の影響を被るという難点を抱えている。これに対し，付加価値の構成要素を加えて算定する方法がある。これを加算法という。この方法にも同様に減価償却費や賃借料の扱いのほかに，利益を営業利益とするか，あるいは当期利益やその他の利益とするかという適合性の判断を要する。ここでは一例として，日本銀行方式を示しておくことにする。

　　付加価値＝経常利益＋人件費＋金融費用＋賃借料＋租税公課＋減価償却費
　　　(ア) 人件費＝役員給料手当＋事務員給料手当＋労務費＋福利厚生費＋退職給与引当金繰入額＋賞与引当金繰入額
　　　(イ) 金融費用＝支払利息・割引料＋社債発行差金償却＋社債利息
　　　(ウ) 賃借料＝地代家賃＋動産・不動産賃借料
　　　　　(注) 減価償却は，特別損失に計上されたものを除く。

　なお，企業組織にそれ本来の力をもたらす営業活動を重視する場合には，経常利益や当期利益に代わり営業利益を構成要素に含めることが望まれる。その場合の付加価値計算は，次のようになるであろう。

　　付加価値＝営業利益＋人件費＋賃借料＋租税公課(法人税を除く)＋減価償却費(特別損失に計上されるものを除く)

2．生産性分析の方法

付加価値生産性分析では，労働生産性と資本生産性に関する分析が重視されている。

(1) 労働生産性

人件費の動きが利益や付加価値と密接な関係にあることは明らかである。そこで，企業の管理者は，労働生産性や労働分配率の指標を手掛かりにして管理を進めることができる。

(a) 労働生産性の算出は，次の式による。

労働生産性＝付加価値／労働投入量であるが，分母の労働投入量には，従業員数，人件費，労働時間などがある。企業の外部においてはデータ入手の制約などがあるため，通常は従業員数が利用されている。

> 労働生産性＝付加価値／従業員数(期中平均)(＝1人当たり付加価値)
> 　　　　　＝(付加価値／生産高)×(生産高／従業員数)
> 　　　　　＝付加価値率×一人当たり生産高
>
> (注)　従業員数の期中平均は，次の算式による。期中平均従業員数＝(期首従業員数＋期末従業員数)／2　として計算する。以下の算式の期中平均はすべてこれに則る。

なお，ホスピタリティ産業や商業資本の場合は，生産高の代わりに売上高を用いる。労働生産性は，付加価値率か1人当たり産出高（生産高または売上高）を高めることによって向上する。したがって付加価値率が一定であれば，産出高を高めるか従業員数を減らすかの方法が考えられる。近年，有期の派遣労働者を採用する企業が増加しているので，生産性分析ではこの面での適切な計算と運用が求められる。また，1人当たり産出高が一定のときに付加価値を高めるためには，産出高に対して材料費などの外部購入価値を減らし付加価値率を高めることが必要になる。

(b) なお，1人当たり産出高の算定式を有形固定資産の媒介係数によって分解すると，次のようになる。

> 1人当たり産出高＝[(有形固定資産－建設仮勘定)／従業員数]×[産出高／(有形固定資産－建設仮勘定)]　(以上の算式において，分母分子ともに期中平均値を用いる。)
> 　　　　　　　＝労働装備率×有形固定資産回転率

それ故に，労働装備率および有形固定資産回転率のいずれか一方が一定であれば，他の方を高めることによって1人当たり産出高は上昇する。

以上をまとめると，結果的に労働生産性は以下のようになる。

　　労働生産性＝付加価値率×一人当たり産出高
　　　　　　　＝付加価値率×労働装備率×有形固定資産回転率

ホスピタリティ産業をこの指標に基づいてみていくと，売上高を増やして回転率を高めるか，有形固定資産への投資を増やすか従業員数を減らすかなどの選択肢が考えられる。

(c) 付加価値率は，付加価値をその構成要素に分けることによって，労働生産性の変動要因を明らかにすることができる。

　　付加価値率＝付加価値／産出高
　　　　　　　＝(経営利益＋人件費＋金融費用＋賃借料＋租税公課＋減価償却費)
　　　　　　　　／産出高

(2) 資本生産性

資本生産性の算式は，次の式による。資本生産性＝付加価値／資本

分母の資本は，総資本や経営資本などの資本に限定されることなく，固定資産や有形固定資産なども用いられるので，経営実態に相応しい資本としていることが考えられる。資本生産性を代表する指標は，設備投資効率であるので有形固定資産を分母とする式を示すことにする。

　　設備投資効率＝付加価値／(有形固定資産－建設仮勘定)（期中平均）

この指標は，労働生産性のときと同様に分解式を展開することができる。この分解を媒介する要素に生産高または売上高がある。

　　設備投資効率＝(付加価値／産出高)×[産出高／(有形固定資産－建設仮勘定)]
　　　　　　　　＝付加価値率×有形固定資産回転率

上の式は，付加価値率を高めるか有形固定資産の回転率を高めれば，資本の生産性が向上するということを示している。たとえば付加価値率を高められないような状況のなかで有形固定資産の回転率をアップさせること，すなわち一定の有形固定資産を保有する組織が生産高または売上高を増大させることは，資本生産性を高めることになるのである。

(3) 労働分配率

　企業は，一定の社会的，経済的，および自然的条件のもとに経営活動を遂行することによって利益を得ることができる。一方において，企業の社会化が進展したことにより諸資源の結合によって生産した価値，つまり成果としての付加価値が重要視されるようになった。その結果，付加価値を構成する要素への付加価値の適正配分が問題になり，なかでも毎年上昇する人件費は，付加価値に占める割合を一層注目させることとなった。付加価値構成要素の付加価値総額に占める割合は付加価値分配率と呼ばれ，たとえば図表4-3に示すように付加価値を100％とする構成比率で示される。

図表4-3　付加価値構成比

(単位：10億円)

付加価値構成＼年度	A年度 金額	A年度 構成比	B年度 金額	B年度 構成比
経常利益	2,471	11.9	1,261	6.1
うち法人税	1,133	5.4	959	4.6
人件費	9,369	45.0	9,828	47.3
うち従業員給料・手当	2,744	13.2	2,979	14.3
労務費	6,575	31.6	6,795	32.7
金融費用	4,397	21.1	4,830	23.3
賃借料	1,179	5.7	1,310	6.3
租税公課	599	2.9	583	2.8
減価償却費	2,791	13.4	2,953	14.2
付加価値額	20,806	100.0	20,765	100.0

日銀統計局「主要企業経営分析」より

　これらの分配率でとくに注目されるのは，労働分配率である。これには，二つの算式がある。

　　労働分配率＝人件費／付加価値
　　　　　　　＝（人件費／産出高）／（付加価値／産出高）
　　　　　　　＝　　人件費率　／　　付加価値率
　　労働分配率＝人件費／付加価値
　　　　　　　＝（人件費／従業員数）／（付加価値／従業員数）
　　　　　　　＝1人当たり人件費／労働生産性

　労働分配率を一定とすれば，人件費率が高くなれば付加価値率を上げなけれ

ばならないし，1人当たり人件費が高くなれば労働生産性を高くしなければならないことがわかる。また，この1人当たり人件費については，次のような理由により注目しなければならない。

$$1人当たり人件費 = 人件費／従業員数$$
$$= (付加価値／従業員数) \times (人件費／付加価値)$$
$$= 労働生産性(1人当たり付加価値) \times 労働分配率$$

1人当たりの人件費は，労働生産性を上げるか労働分配率を高めることによりアップさせることができる。付加価値の増大に見合った人件費の増大，つまり労働分配率が一定を維持することは，労働生産性を高めないかぎり1人当たり人件費が増えないことを意味する。また，労働生産性を一定とすれば，労働分配率を高めることで1人当たり人件費を高めることができる。この場合，減価償却費率や営業利益率の引き下げを伴う可能性が高くなる。固定資産への投資の先延ばしや営業利益の相対的な低下は，組織能力の低下にも繋がりかねないので，その点に留意する必要がある。

近年，企業のリストラが多くみられるようになり，付加価値分析の目的や意義を把握することに努めることが求められているといえる。

3 分析結果の評価

経営分析により各種の比率や実数が算出される。分析目的に相応しい各種の指標が揃えば，必要であればその他のデータも加えて総合評価が行われる。この評価の段階では，指標ごとに設定された基準と実績との比較，さらには時系列の傾向分析や他社との比較などによって判断が行われるので，採用される指標は，すでに述べてきているように，経営の実態に見合ったものであるだけでなく基準が合理的に決定できるものでなければならない。分析の結果は，関係者が利用できるように報告書にまとめる必要がある。

報告書作成においては，利用主体の分析目的に適合する伝達手段を採用することが重要である。そこで，比率や実数を示すだけでなく，絵，グラフ，表やその他の目的合理的なモデルがあればそれらを含む伝達可能な形態を採用することも考慮すべきである。その採用にあたっては，次のような原則を考慮に入

れる必要がある。
① 利用者の関心をひくこと。
② 情報利用者のニーズに見合う情報を提供する。
③ 報告書への利用者の関心を持続させること。
④ 行動を刺激すること。

ここでは，総合評価に有効とされるレーダーチャート，および重点管理のために利用されるパレート図を取り上げることにする。

レーダーチャートは，円図表を描くことによって作成することになる。以下の図表4-5のように描く大小の円の数は基準のレベル数によって決まる。この基準となる数値は，円の中心に至る直線と円との交点に設定するので直線の数は指標の数によって決まる。この直線上には，実績値も設定するが円の中心から遠くなるにつれ一層望ましい値となる。実績値を示す各点を連結することで総合評価に役立つレーダーチャートを作図したことになる。図表4-5のレーダーチャートは，図表4-4のデータに基づいて作成したものである。

図表4-4　X社の分析資料

	指　標	基　準　値	実　績　値
収益性	総資本利益率	7%	4.8%
	自己資本利益率	3%	1.3%
	売上高経常利益率	2%	0.3%
資本運用	総資本回転率	4	5.0
	自己資本回転率	3	4.3
	棚卸資産回転率	3	2.5
	現金預金回転率	9	13.3
支払能力	流動比率	200%	115.3%
	利子補償倍率	1	0.39
	負債比率	1	7.5
付加価値	労働分配率	50%	56%
	1人当り付加価値	7,000千円	7,740千円

作図上問題になるのが基準の決定である。基準値は，経験や統計的分析に基づく標準値であるが，業種，業態などの特徴を認識し検討を加えて決定する必要がある。また，図表上に数年間の実績値を示せばそれらの時系列比較が可能になる。

図表4-5　レーダーチャート

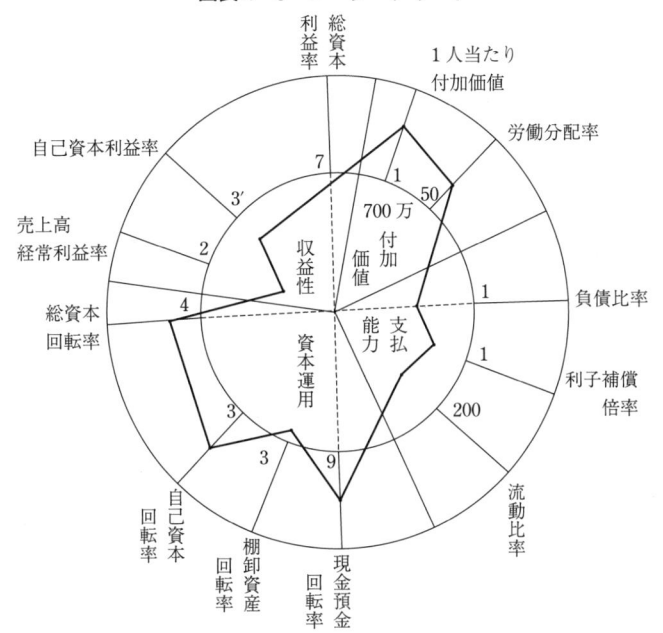

（レーダーチャート図：収益性、付加価値、支払能力、資本運用能力などの各指標をプロット）

次に，原価管理や品質管理の方法に，ABC分析がある。これは，管理対象を重要項目順にA，B，Cと順位付けし各項目に相応しい管理手段を適用するための分析技法である。これによって，効率的な重点管理が可能になる。この重点管理を必要とする項目を選び出すために利用されるのがパレート図である。図表4-6のデータに基づいて，パレート図を描けば図表4-7のようになる。

図表4-6　製品別限界利益

製品別	販売量	構成比(%)	限界利益	構成比(%)	限界利益率(%)
A	80,000 @500(円)	11.0	26,000(千円)	20.6	65.0
B	100,000 @450	13.7	29,000	23.0	64.4
C	100,000 @200	13.7	5,000	4.0	25.0
D	150,000 @400	20.5	42,000	33.3	70.0

E	200,000 @250	27.4	15,000	11.9	30.0
F	100,000 @300	13.7	9,000	7.2	30.0
合計	730,000	100.0	126,000	100.0	50.2

図表4-7　パレート図

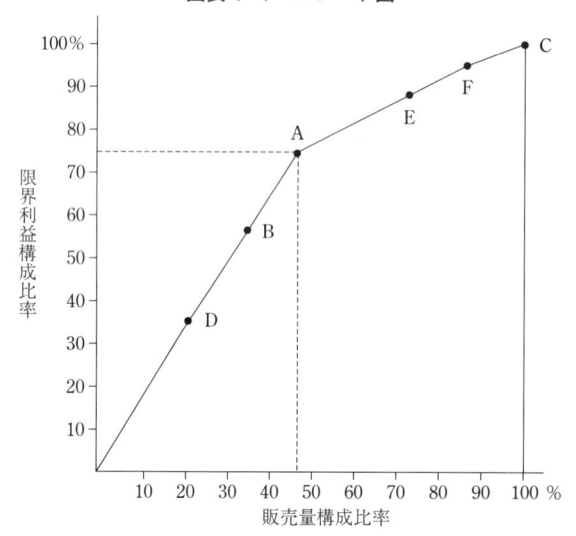

上記図では，D，B，Aの3製品が他の製品に比べてそれぞれに限界利益構成比が大きいことを示している。これによると，大きい順の三ないし四つの製品の要因に対する管理を重点的に行えば，問題の80％程度は解決することがわかる。

第5章 原価の基礎概念

1 原価動態と原価

　原価には，販売量や活動量の変化に対して増減変化するものとそうでないものがある。このような原価の動きを原価動態という。この原価動態の見地から原価は，変動費，固定費，および準変動費・準固定費の三つに区別される。また，この販売量，活動量および直接作業時間等をあらわす物量的尺度を一般に操業度といっている。

　変動費は，操業度が増減変化すれば比例的に増減変化する原価であり，直接材料費や直接労務費が典型例であるが，ホテルの場合は客室の消耗品やアメニティ，レストラン部門の食材や飲料のコストなどが考えられる。

　固定費は，操業度が増減変化しても変化せず期間的に一定額のみ発生する原価で，期間的費用ともいう。減価償却費，支払家賃，管理費，給料，固定資産税等は典型例である。これらの原価はすべて時間の経過に伴って発生する。

　準変動費・準固定費は，操業度の変化に同調しない原価で，前者には電気・ガス・水道料金や通信費等がある。後者には階梯的に変化する破損費や改装費，監督者給料等がある。これら各原価の動態を図示すれば図表5-1のようになる。

2 費用の分解

　経営管理を効果的に進めるためには，すべての費用を変動費と固定費とに二分しなければならない。そのさいに厄介なのが準変動費であり準固定費である。これらの費用は，変動費要素と固定費要素とに分解しなければならない。通常，この変動費要素と変動費を合算して変動費総額とし，固定費要素と固定

図表5－1　原価の動態

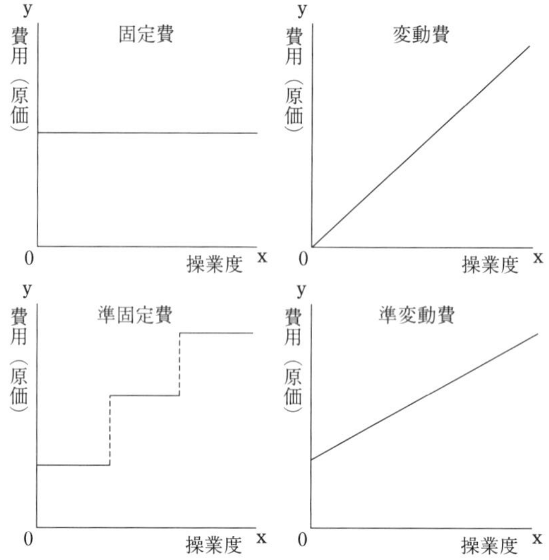

費を合算して固定費総額としている。したがって総額としての変動費・固定費はそれ自体の動きを正確に示す数値ではない。にもかかわらず，これらのデータは経営管理上合理的なものとみなされている。

多くの費用は変動要素と固定要素を含むので，それらを分解するのに役立つ技法を以下に示すことにする。

1．スキャッターグラフ法

スキャッターグラフ法は，図表5－2のデータに基づいて手続きを示せば次の通りである。

操業度は横軸（x）で示し，費用は縦軸（y）で測る。まず，各操業度における費用の数値をプロットし，傾向線を描く。その線はできるだけ多くの点を通過するようにし，傾向線の上下の点が同数になるように引ければ理想的である。

この図表から固定費部分と変動費部分，変動費率を算定することができる。しかし，この方法にも次のような問題がある。この図表に示された操業度と費用の関係が過去のものであれば，直線は将来の関係を示さない。また，グラフ

に描かれた直線は、特定時点の費用と操業度の関係を正確に示すものではなく、一定期間内における操業度に対する費用の傾向を示すにすぎない。それ故に、適合範囲が拡大するにつれて傾向線の信頼性は失われるようになる。この分解法を回帰図示法とも呼ぶ。

図表5-2　操業度と費用のデータ

月	販 売 量	総 費 用
7月	1,100	1,000万円
8月	1,200	1,140
9月	1,400	1,250
10月	1,300	1,200
11月	1,000	950
12月	900	880

図表5-3　スキャッターグラフ

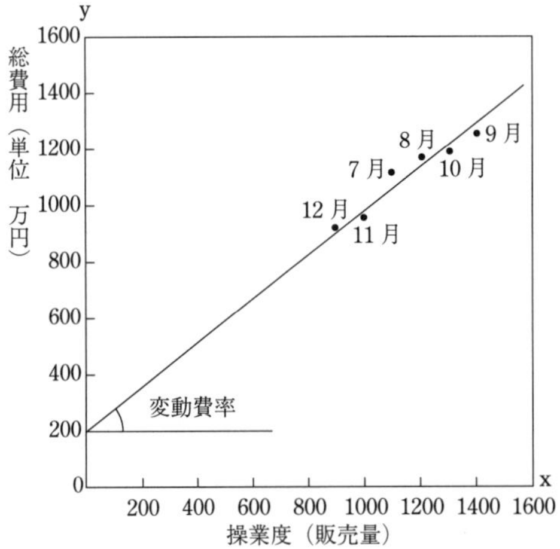

2．最 高 最 低 法

この方法は、数期間に及ぶ過去の実績値を観察し操業度の最高点と最低点をみつけ出しその各点の費用額を確定し、最高点と最低点における操業度の差と費用額の差との間の比率をもって変動費率とする。次の数値例によって算定手続きを明らかにすることにする。

図表 5-4 最高最低法

月	操業度	費用				操業度	費用
1	400	2,800	最高点	7月		800	5,500
2	450	3,300	最低点	1月		400	2,800
3	450	3,300				400	2,700
4	500	3,850
5	600	4,400
6	700	5,150
7	800	5,500
8	750	5,300
9	700	5,200
10	650	4,800
11	500	3,900
12	600	4,600

b（変動費率）＝2,700（費用差額）÷400（操業度差）
　　　　　　＝6.75
a（固定費）　＝5,500－(800×@6.75)
　　　　　　＝100

したがって，費用直線の公式は，y＝100＋6.75x となる。このように，最高最低法は，簡便であるが，正確性に欠けるところがある。費用は直線的に動くとはいえないし，変動費率は計算対象期間が異なることによって変わったものになる。たとえば，6月までの期間を対象期間とすると，変動費率は約7.83（千円）となる。それ故に，この方法にも限界がある。

3．最小二乗法

スキャターグラフ法は，直線の正確性や信頼性に問題を残すと指摘してきた。その問題を解決するのが最小二乗法であり，数学法ともいわれている。

この方法は，直線の形をなすときに有効であるので，あらゆる操業度と費用との関係が近似的に直線を示すものと考える。

いま，総費用を y，操業度を x，固定費を a，単位当たり変動費を b とすれば，次の等式を得る。

　　　y＝a＋b（x）

一定期間内の一連の操業度と費用を観察することにより x と y が求められる。この x と y のそれぞれの期間合計は，a と b の値を求めるために利用される。それらの関係は以下の連立方程式となる。

　　　n：プロットされた点の数
　　　x：独立変数

y：従属変数

$$b=\frac{n\Sigma xy-\Sigma x\Sigma y}{n\Sigma x^2-(\Sigma x)^2}$$

$$a=\frac{\Sigma y}{n}-b\left(\frac{\Sigma x}{n}\right)$$

これらの等式を前提として，まずΣx，Σy，Σxy，Σx^2の値を求める。計算は図表5-5の通りになる。

図表5-5　最小二乗法

(単位：千円)

月	操業度 x	費用 y	xy	x^2
1	400	2,800	1,120,000	160,000
2	450	3,300	1,485,000	202,500
3	450	3,300	1,485,000	202,500
4	500	3,850	1,925,000	250,000
5	600	4,400	2,640,000	360,000
6	700	5,150	3,605,000	490,000
7	800	5,500	4,400,000	640,000
8	750	5,300	3,975,000	562,500
9	700	5,200	3,640,000	490,000
10	650	4,800	3,120,000	422,500
11	500	3,900	1,950,000	250,000
12	600	4,600	2,760,000	360,000
N=12	Σx=7,100	Σy=52,100	Σxy=32,105,000	Σx^2=4,390,000

この表の数値を用いて上記の方程式を解けば，次のようになる。

$$b=\frac{(12\times 32,105,000)-(7,100\times 52,100)}{(12\times 4,390,000)-(50,410,000)}=6.7621$$

$$a=\frac{52,100}{12}-6.7621\left(\frac{7,100}{12}\right)=340.7575$$

以上から，単位当たり変動費b=6.7621（千円）と固定費a=340.8（千円）を得ることができ，方程式はy=340.8+6.7621xとなる。

この公式に基づいてグラフを作成すれば，y軸上の340.8（千円）のところから単位当たり6.7621（千円）の角度で右上がりに上昇する傾向線が得られる。この最小二乗法は，パソコンソフト等の使用により効率的に計算することができる。

4. 個別費用法

これは、勘定科目精査法とも呼ばれるように、勘定科目ごとに固定費に属するものなのか、あるいは変動費のものなのかを精査してその帰属を決定するやり方である。その数値例を示せば、図表5-6のようになる。

図表5-6　個別費用法

科目		合計	変動費		固定費	
		第×期　19×0年×月×日－19×1年×月×日				
直接費	原材料費					
	主要材料費	7,344		7,344		
	買入部品費	1,034		1,034		
	労務費	2,485		2,485		
	経費					
	運送費	315		315		
	外注加工費	477		477		
	その他	2,129		2,129		
	小　計	13,784		13,784		
間接費	原材料費					
	補助材料費	324	(60%)	194	(40%)	130
	消耗工具器具備品費	48	(50%)	24	(50%)	24
	労務費	659				659
	経費					
	電力・ガス・水道代	481		385		96
	修繕費	714				714
	租税公課	80				80
	運送費	156				156
	保険料	424				424
	減価償却費	1,676				1,676
	棚卸減耗費	11				11
	通信費	19				19
	旅費交通費	19				19
	雑費	50				50
	その他経費	188				188
	小　計	4,849		603		4,246
製造費用合計		18,633		14,387		4,246
販売費・一般管	運賃及び荷造等諸掛	618		618		
	給料諸手当	735				735
	退職給与引当金繰入	50				50
	試験研究費	181				181
	減価償却費	116				116
	賃借料	122				122

理費	そ の 他	568		568
	小　　計	2,390	618	1,772
総　費　用		21,023	15,005	6,018

3 計画設定と統制のための原価概念

　原価概念は，上で示してきた変動費・固定費というように，経営管理目的から相互対称的に説明されることがある。以下では，こうした変動費・固定費の分類法に類似する各種の代表的な原価概念を示すことにする。

1．直接費と間接費

　企業には活動や部門が存在し，また製品を扱っている。これらはすべて原価を発生させている。この原価発生要因を原価対象と呼ぶ。原価は，この原価対象との関連において直接と間接とに区分して定義される。原価が原価対象に対して跡付けされうる場合に直接費と呼び，原価と原価対象との関連性が明確でない場合に間接費と呼ぶ。たとえば，様々な食品を販売している某ホテル東京事業所の所長の給料は，当該事業所にとっては直接費であるが，各食品にとっては間接費になる。典型的な直接費は，食料品や飲料品の売上原価，賃金，洗濯物やリンネル類，サービスコストなどの変動費である。ホテルの現業部門の給料は，直接固定費になる。他方，ホテルの施設の維持管理費，宣伝広告・販売促進費や水道光熱費などは一般に間接費扱いになるが，部門ごとに使用量が把握できる場合にはその部分は直接費になる。直接費が，通常管理責任者の管理可能な費用とみなされているが，長期的にみればすべての費用は管理可能費である。

2．共通費と連結原価（ジョイントコスト）

　間接費（または間接原価）は，共通費または連結原価をも含めて呼ぶことがある。共通費は，各部門および各活動に共通して発生する費用で，上記の事業所長の給料は事業所内のすべての部門および活動にとっては共通費になる。
　これに対し，連結原価は複数の製品が一つの資源から生産される場合に適用

される。たとえば，原油から精製される揮発油，灯油，軽油，重油はその典型例である。これらの各製品とも，一組の投入要素から一定程度の産出比率を伴って生産される主副の区別がつけられない異種製品であり，かつ販売価値を持つ。これらの製品を連産品という。この個別の連産品として販売可能になる分離点までの加工費を連産品の連結原価という。また，ホテルの食料項目と飲料項目双方に係わる給仕員の賃金は，売上高の割合その他の適切な方法によって両方の項目に配分されるジョイントコストである。

3．間接費と原価配分

　間接費は，何らかの基準を設けて原価対象に配分する必要がある。原価対象は資源を使用するとしても，その消費額の面において間接費との関係が明確でないからである。この場合，配分基準がなんらかの観点に基づいて設定されることになるが，それらの観点には原価，資源のインプット，活動，およびアウトプットがある。いずれの観点から基準設定が行われようとも，原価配分は相対的なものとなる。このような原価配分を配賦ともいう。

4．関連原価と無関連原価

　関連原価は，特定の意思決定に関連して発生する原価で，その発生が代替案ごとに異なる現在原価または未来原価である。
　これに対し，無関連原価は，代替案に対応するかたちで変化しない原価であり，埋没原価はその代表例である。埋没原価についていえば，それは実行義務のある将来の支払いや支出をあらわす拘束原価を含むので，この場合すべての歴史的原価は埋没原価になりうると解されることもある。

5．増加原価と平均原価

　増加原価は，活動や部門や販売数量などの追加に伴って発生する原価をいう。限界原価は1単位のアウトプットの増加に伴って生ずる原価の増加分をいう。
　また，活動やセグメントの削減に伴って削除される変動費のような原価を回避可能原価といい，削除しえない共通固定費のような原価を回避不能原価とい

う。
　これに対し，平均原価は，直接費や間接費を含む各種の原価を1単位当たりに換算したものであり，原価総額としては操業度が増加しても一定の発生額を維持する固定費を含むことから，操業度の増加に伴って一般に減少する。

第6章 意思決定のための原価-営業量-利潤関係分析

本章は，現在および将来の売上高と原価との相関関係のなかにみられる様々な状況を評価する方法について述べる。原価-営業量-利潤の関係（cost-volume-profit：CVP）分析は，売上高と損益分岐点の関係や利益と販売量の関係を示すことから，計画作成には不可欠な技法とされている。この関係分析は図表によって示すことができるので，ここではCVP図表の作成と図表の利用について説明を行うことにする。はじめに，CVP分析の効果を発揮させる基本的な前提条件および適用領域について述べることにする。

1 CVP分析の前提

1．CVP分析技法に固有の前提

ここで示すCVP分析は，会計的技法による分析であり，その意味で測定と伝達の面での特徴と限界を有している。それ故に，CVP分析の対象となる要素である原価や費用を分解する必要があれば，この分解も一定の制約のもとで行われることになる。分析の対象となる各種の要素は，一般には不確定な動き方をするので，適合範囲と呼ばれる一定の操業度範囲のなかに存在することが望まれる。基本的な前提条件は，以下に示す通りである。

① すべての原価は変動費と固定費とに分解できる。
② 変動費は，操業度あるいは売上高が増減変化しても一定の割合で増減変化を続ける原価である。
③ 固定費は，一定の期間，操業度あるいは売上高が増減変化しても一定額を維持する原価である。
④ 分析対象期間の価格や製品構成など経済的・経営的状況が安定してい

る。
⑤　したがって，利益図表の線形は，売上高線，変動費線，固定費線とも直線で示す。

2．CVP分析の適用領域

　CVP分析は，広範囲に適用可能な計画技法であるが，計数管理技法としての特徴を発揮できる領域に適用すれば効果をあげることができる。
①　CVP分析は，マネジメント・コントロールの計数的手段として採用されてきているので，組織内の事業部門や事業所に適用して優れて効果を発揮する。
②　CVP分析は，意思決定に対して会計データに基づいた見積り情報を提供することができるが，従業員に対する動機付けおよび顧客や社会に及ぼす定性的な影響を考慮しない。
③　したがって，複数の利益センターを抱える組織のトップマネジメントの戦略的意思決定においては，CVP分析を含む総合的な判断が必要になる。
④　限界利益分析として活用すれば戦略的な展開を可能にする。

3．固定費と変動費の関係

　固定費は，総額において操業度の増減変化に対応しない一定水準を計上するが，これを操業度の単位当たりでみれば，逆に可変的となる。一方，変動費は，これを総額でみれば可変的であるが，操業度の単位当たりでは平均的である。単位当たりでみれば，操業度の変化に対し固定費は増減変化するが，変動費は増減変化しない。したがって，平均原価概念についての説明のところで若干触れているように，単位当たり総費用は，操業度が増大するとともに減少することになる。この現象は，総額としての固定費の額が増大すれば，それだけ単位当たり総費用の減少額は大きくなることを示す。これを例示すれば図表6－1のようになる。

1 CVP分析の前提

図表6-1 操業度変化と単位当り費用との関係

(単位千円)

販売量	価格	売上高	固定費 総額	固定費 単位	変動費 総額	変動費 単位	総費用 総額	総費用 単位
1,000	3	3,000	10,000	10.00	2,000	2	12,000	12.00
5,000	3	15,000	10,000	2.00	10,000	2	20,000	4.00
10,000	3	30,000	10,000	1.00	20,000	2	30,000	3.00
15,000	3	45,000	10,000	0.67	30,000	2	40,000	2.67
20,000	3	60,000	10,000	0.50	40,000	2	50,000	2.50
25,000	3	75,000	10,000	0.40	50,000	2	60,000	2.40

　このデータから分かるように，損益分岐点販売量は10,000個であるが，それを超えると販売量の増加に伴って利益は徐々に増加していく。これは固定費が存在することによる。ちなみに，単位当たりで固定費と変動費をみると，変動費は一定額であるが固定費は販売量の増加に伴って減少しその総額が高くなれば大きく減少する。したがって，単位当たりの総費用も固定費の減少率ほどではないが減少する。これを示すと図表6-2のようになる。

　ホスピタリティ産業においては，一般に初期投資（固定費）が大きいのでそのインパクトはかなり大きい。それ故に，損益分岐図表が示唆するように，そこでは市場志向の営業活動を目指すことになるであろう。

　さて，これらの費用の動態は方程式で示すことができる。固定費をa，単位

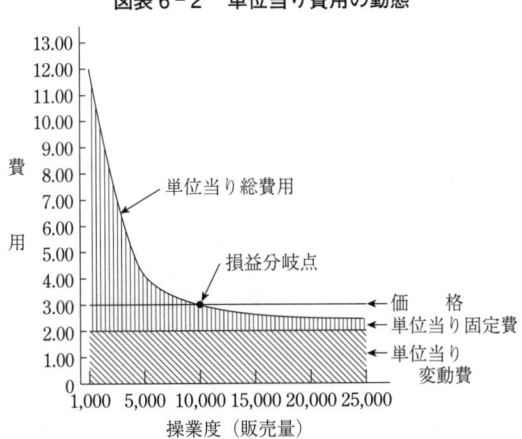

図表6-2　単位当り費用の動態

図表6-3　CV関係

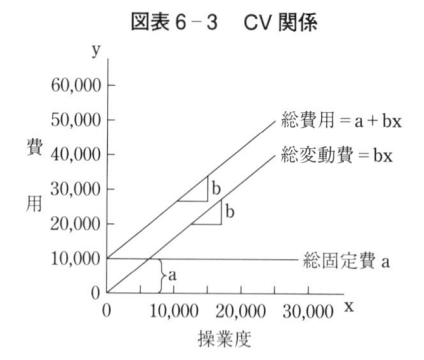

```
y
60,000
50,000                総費用＝a＋bx
費 40,000
    30,000         b   総変動費＝bx
用 20,000        b
   10,000                 総固定費 a
      0    a
       0  10,000 20,000 30,000  x
                 操業度
```

当たり変動費を b，操業度を x とすれば，以下の等式を得る。

　　　Y＝a＋bx

先ほどの図表6-1のデータに基づいて等式を図示化（CV図表）すれば，図表6-3のようになる。

4．損益分岐図表

上のCV図表上に売上高線を付け加えることによって基本的な損益分岐図表（損益分岐点図表ともいう。）を作図することができる。経営管理上最も一般的に採用されるCVP分析手法は損益分岐分析であり，そのために採用される損益分岐図表は企業活動のCVP関係を明瞭に描くために考案された図表である

（1）損益分岐点の算定

経営活動に伴って発生する売上高は，その一部が変動費の回収に向けられ，次に固定費の回収に向けられる。残余分は利益となる。損益分岐点とは，売上高のうち変動費を償って残る差額が固定費と等しくなる点のことである。損益分岐点は，価格一定の前提に基づけば，売上高の変動と操業度の変動が比例的関係になることから，総売上高と総費用とが等しくなる操業度ということもできる。

ところで，売上高が変動費を償った段階で差額が生ずる。これを限界利益または貢献利益という。限界利益は，単位当たりとして求めることもある。すなわち，販売価格と単位当たり変動費との差額をも限界利益と呼ぶ。これらの利益は，固定費の回収と利益の創出に貢献する測定額をあらわしている。記号に

図表6-4　損益分岐図表

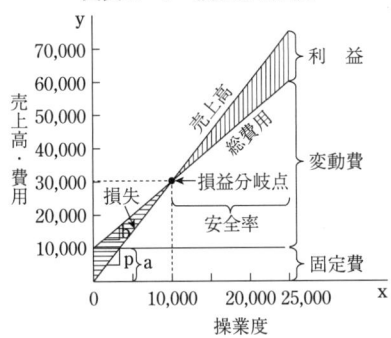

よって示せば，次の等式を得る。

売上高を y とし，販売価格を p とすれば，y＝px となる。

売上高－変動費＝固定費＋利益として，利益を i とすれば，px－bx＝a+i となり，(p－b)x＝a+i の等式を得る。

この等式より，損益分岐点を求める公式を得ることができる。損益分岐点は，i がゼロに等しい点であるから，(p－b)x＝a となり x＝a／(p－b) となる。この x が損益分岐点操業度を示す。

この式に基づいて，損益分岐点売上高＝y を求める式が得られる。

$$y=px$$
$$=a/(1-\frac{b}{p})$$

b／p は，変動費率をあらわすので，損益分岐点売上高は，固定費を限界利益率で除したものに等しい。

(2) **PV 図表**（**Profit Volume Chart**）

PV 図表は，上掲の限界利益に基づいて損益分岐点を算定するとともに CVP 関係の分析のために，作図するものである。PV 図表は，図表6-5に示すように，水平軸に売上高を，垂直軸には原点より下方において固定費を，原点より上方において利益を測る。したがって，垂直軸上で限界利益を測定する。そこで，左側の垂直軸上の固定費を起点として右側の利益を示す点にまで延びる直線は限界利益線をあらわす。この限界利益線と売上高線との交点が損益分岐点となる。この意味で，水平軸を損益分岐線とも呼んでいる。

図表 6-5　PV 図表

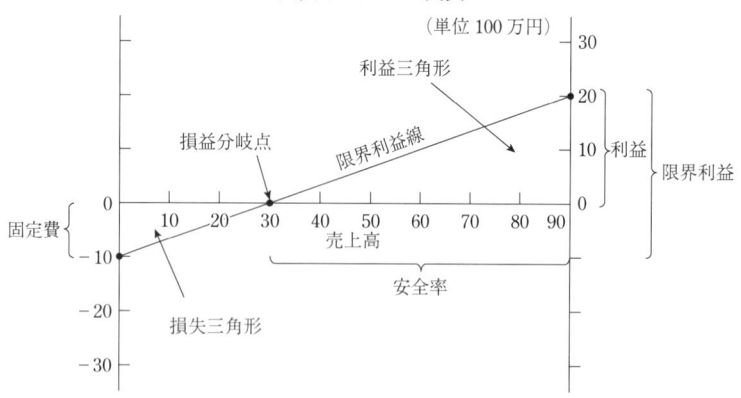

（単位 100 万円）図中: 利益三角形、損益分岐点、限界利益線、売上高、固定費、限界利益、利益、安全率、損失三角形

　このPV図表は，売上高が変動費を回収した後に，その差額概念である限界利益によって固定費を回収するプロセスを示すので，固定費の回収の段階が総費用の回収を意味するのでこの段階を過ぎた後での利益管理において柔軟な運営を可能にする。

5．損益分岐分析
(1)　損益分岐図表と各種の情報

　CVP分析の最も一般的な会計的形態が損益分岐分析である。上掲の損益分岐図表は，なかでも基本的な図表で，作成の目的は損益分岐点の位置を算定・表示することのほかに，操業度の適合範囲で算出される損益の表示，限界利益率の算定，企業利益の安定性や営業上のてこの作用を計算することなどである。たとえば，前掲の図表6-4から得られる情報は以下の通りである。

(a)**損益分岐点**

$$\text{損益分岐操業度} = \text{固定費}/\text{単位当たり限界利益}$$
$$= 10,000/(3-2)$$
$$= 10,000 \text{ 単位}$$
$$\text{損益分岐売上高} = \text{固定費}/1-\text{変動費率}$$
$$= 10,000/[1-(2/3)]$$
$$= 30,000 \text{ 千円}$$

(b)各操業度での損益

損益額は，各操業度の売上高線と総費用線とを結ぶ2点間の差として算出される。たとえば，操業度15,000単位では売上高線の45,000千円と総費用線の40,000千円との差額5,000千円が利益となる。

(c)限界利益と限界利益率

変動費率が67％の場合，限界利益率は33％となる。操業度10,000単位以上での営業量において各10,000千円の売上増に対して6,700千円が変動費として費やされ残余の3,300千円は限界利益となる。

(d)安全率

安全率とは，現在または期待される産出高が損益分岐産出高を超過する額または率のことである。この範囲は常に利益を計上できるので安全とみなすのである。

上例において，予想される操業度が25,000単位であれば，安全率は15,000単位（＝25,000－10,000）または60％となる。比率の場合，250％（＝25,000／10,000）として示すこともある。

売上高によって示せば，次のようになる。

　　　安全率＝売上高予算－損益分岐点売上高
　　　　　　＝75,000－30,000
　　　　　　＝45,000千円
　　または
　　　安全率＝(45,000／75,000)×100
　　　　　　＝60％

後者の算出法は，販売予算と結びつくので，予算管理目的からはより優れた方式といえる。

安全率は，企業の利益安定性を示す尺度であるが安全率の幅は主に費用構成に依存する。それ故に，安全性の大きさと限界利益率は相関関係にある。固定費が増加し相対的に変動費が減少すれば，それだけ限界利益率は拡大するという関係がみられるからである。その点は，図表6-6で示す通りであるが，一般に固定費率の高い事業は，そうでない事業に比べて利益安定性の面で劣る。したがって，安全率が極めて低い場合には，確実性の高い販売予測が求めら

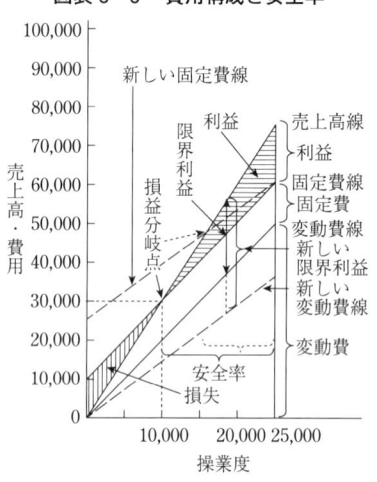

図表6-6　費用構成と安全率

れ，予算の実施に当たってもそれなりの配慮が必要になる。そのことは，次に述べる営業てこ率ともかかわってくる。

（2）　営業上のてこ作用 (leverage effect)

　営業上のてこ作用とは，固定費がてこの支点となり，これによって売上高の一定の変化が利益の変動に増幅作用を及ぼすことである。固定費が発生すると，それが支点となり一定の売上高の増減変化が利益の変化の幅を増幅させるのである。てこ作用の効果をあらわす尺度は一定の売上高における営業てこ率であり，営業利益の変化率対売上高の変化率として計算する。

　営業てこ作用の意味は，販売価格と変動費率の変化を営業てこ率に与える影響要因とみれば，売上高線と変動費線の勾配によって理解することができる。販売価格の上昇は，売上高線の勾配を変化させ，損益分岐点の位置を低下させる一方，営業のてこ作用を大きくする。また，変動費率の上昇は，総費用線の勾配を変化させ，損益分岐点の位置を上昇させるとともに，営業のてこ作用を小さくする。固定費の上昇は，損益分岐点の位置を上昇させるだけである。

　したがって，営業てこ率は，固定費の増減に伴って生ずる利益変動の増幅度を示そうとするものである。この場合，総費用に占める固変の構成割合を異にする事業間において，固定費の占めるウエイトが異なれば営業てこ率にその影

響があらわれることになる。それを図表6-7で示すことにする。

図表6-7 収益性に及ぼす営業上のてこ作用

(単位千円)

	低いてこ作用の事業A		高いてこ作用の事業B	
	―	増 加	―	増 加
販 売 量（単 位）	300,000	330,000	300,000	330,000
売上高（単位当り1千円）	300,000	330,000	300,000	330,000
変 動 費				
(A) 単位当り 0.90千円	270,000	297,000		
(B) 単位当り 0.80千円			240,000	264,000
固 定 費	20,000	20,000	50,000	50,000
営 業 利 益	10,000	13,000	10,000	16,000
売 上 高 の 増 加 率		10％		10％
営 業 利 益 の 増 加 率		30％		60％
損 益 分 岐 点	200,000		250,000	

一定割合の売上高の変化、本例では10％の増加によって、利益が事業Aで30％、事業Bで60％と異なる増加率を示しているのは、営業てこ作用の影響によるものである。この営業てこ率の倍数を求めると、次のようになる。

　　事業A＝30％／10％
　　　　　＝3
　　事業B＝60％／10％
　　　　　＝6

以上のことを損益分岐図表で示せば、図表6-8のようになる。

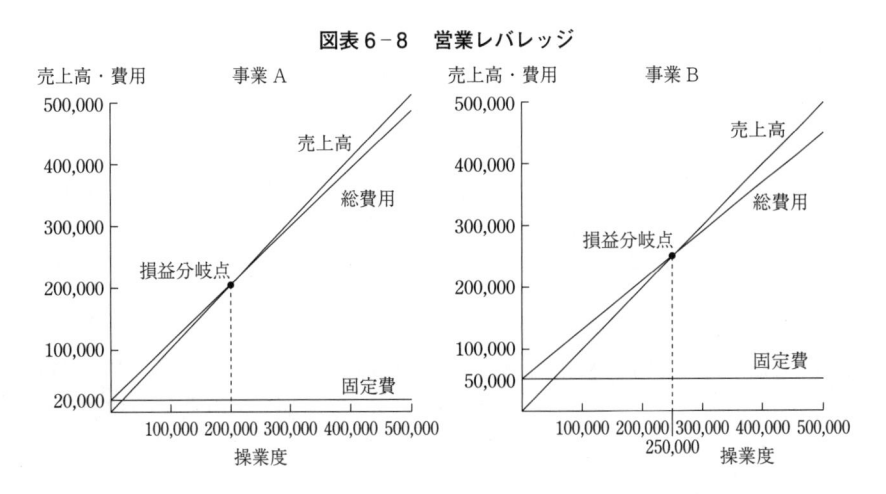

図表6-8 営業レバレッジ

次に，営業てこ率を算定する公式を示すことにする。

　　　T：営業てこ率を求めるさいの操業度　　VC：単位当たり変動費
　　　P：単位当たり販売価格　　　　　　　　FC：固定費
　　　Tにおける営業てこ率＝T(P－VC)／[T(P－VC)－FC]
　　　事業Aの営業てこ率＝300,000(1－0.9)／[300,000(1－0.9)－20,000]＝3

また，前掲図表6‐1の損益資料から営業てこ率を求めると，次のようになる。

　　　操業度20,000単位での営業てこ率＝20,000(3－2)／[20,000(3－2)－10,000]
　　　　　　　　　　　　　　　　　　＝2

高度の営業てこ率は，直接労務費など変動費の節減効果である場合もあり，損益に与えるインパクトの幅が大きいことを示している。

（3）感　度　分　析

(a)利益の改善効果

損益分岐分析の目的は，CVP関係を把握し，利益計画あるいは予算の設定過程での諸問題を解決することにある。たとえば，販売価格および固定費・変動費の増減変化をもたらすような状況が予想される場合，それらの利益におよぼす影響は損益分岐図表を作成することによって効果的に分析を行える。いま単一製品を生産する企業モデルの場合に利益を増加させる要因をあげれば，四つの方法がある。

① 販売価格の引き上げ（p）

② 単位当たり変動費の引き下げ（b）

③ 固定費の減少（a）

④ 操業度の増加（x）

前掲図表6‐1の設例に基づいて，操業度20,000単位の場合の各要因の10％の改善効果を示せば，次の図表6‐9のようになる。なお，損益分岐図表は二つのみを示すことにする。

以上の図表は，次のことを明らかにしている。たとえば，固定費の12％増加は，販売価格の2％引き上げ，単位当たり変動費の3％引き下げ，および操業度の6％増加のいずれかによって相殺されること，そのうえ一定の利益を確保しうるということである。

1 CVP分析の前提　83

図表6-9　利益要因の改善効果

(単位千円)

要　素	売上高の増減	費用の増減	新しい利益	利益の増加率 (％)
販売価格の10％引き上げ	+6,000	0	16,000	60
単位当り変動費の10％引き下げ	0	−4,000	14,000	40
固定費の10％減少	0	−1,000	11,000	10
操業度の10％増加	+6,000	+4,000	12,000	20

図表6-10　利益増加の損益分岐図表

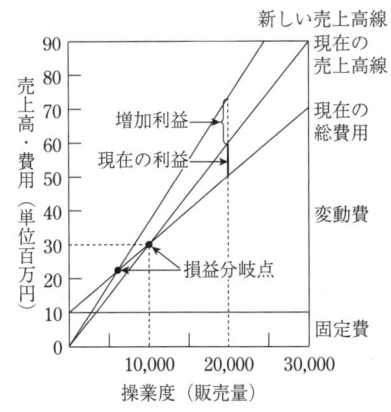

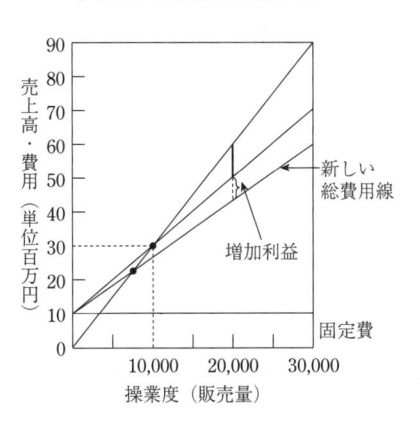

①販売価格の引き上げ　　　　　　②単位当り変動費の引き下げ

　第1のアプローチ（販売価格の引き上げ）は，変動費または総費用が操業度に対して一定の割合で増加する状況のなかで，操業度と利益の相関関係を踏まえて販売価格を設定する場合に有効である。この損益分岐図表は，費用操作の余地がほとんどないケースに対応する。

　第2のアプローチは，販売価格を動かす余地が全くないという状況のなかで，操業度と利益の相関関係を踏まえて変動費水準を設計する場合に有効である。このアプローチは，変動費の操作領域が存在する場合に適用される。

　第3のアプローチは，販売価格と変動費が既に決定していて，固定費の操作領域が存在する場合に適用される。とりわけ，自由裁量原価（マネジドコストともいう。）の節減による効果を調査するのに適している。

　第4のアプローチは，販売価格と単位当たり変動費と固定費が所与の場合，

目標利益を達成しうる操業度を把握するのに便利である。

(b)その他の感度分析

　以上の損益分岐図表において，注目すべき点は損益分岐点の位置と利益三角形の形状と安全率である。これまでの説明は，個別的なアプローチに基づいているので，現実的な姿態を示すものではない点に注意する必要がある。たとえば，販売価格の引き上げは，販売量や費用に変化がなければ，損益分岐点の位置を下げることになるが，値上げに伴って販売量が減少するなり，それを防ぐために販売促進費を追加する必要があれば，分岐点の位置，利益三角形，安全率もそれに伴って違ったものになる。したがって，個別の利益改善要因の変化はその他の要因にも影響を与えることがあるとみることができる。その影響関係は事前に確実に把握することができないであろうが，その場合にも各要因の変化の組み合わせを予想して損益分岐点公式を展開することができる。以下において，変化する各要素が重複する場合の代表的な損益分岐点公式を示すことにする[1]。

　　売上高＝S　変動費＝V　固定費＝F　利益額＝I　販売価格＝p
　　単位当たり変動費＝b　変化率＝r　損益分岐点売上高＝Y　損益分岐点販売量＝X

① 販売価格が変化し，ある一定の操業度Qと売上高 $S'=S(1\pm r)$ が予測される場合の利益算出公式。
　　$I = S'\{1-[V/S(1\pm r)]\} - F$

② 販売価格が変化する場合，特定の利益をあげるための売上高あるいは販売量を算出する公式。
　　$Y = (F+I)/\{1-[V/S(1\pm r)]\}$　　$X = (F+I)/[p(1\pm r)-b]$

③ 単位当たり変動費が変化する場合，特定の利益をあげうる売上高あるいは販売量を算出する公式。
　　$Y = (F+I)/\{1-[V(1\pm r)/S]\}$　　$X = (F+I)/[p-b(1+r)]$

④ 固定費が増減する場合，特定の利益をあげうる売上高あるいは販売量を算出する公式。
　　$Y = [(F\pm r)+I]/[1-(V/S)]$　　$X = [(F\pm r)+I]/(p-b)$

（1）感度分析の初期の業績については，次を参照されたい。嶌村剛雄『経営分析の基礎』（中央経済社，1989）
　　ここでは，ホスピタリティ産業において必要な指標に限定して述べているので，詳細を知りたい方は本書を参照されたい。

⑤ 販売価格およびすべての費用は変化しないが，販売量が変化する場合の売上高を計算する公式。
 Y＝F／{1−[V(1±r)／S(1±r)]}

上記の公式は，損益分岐点公式であるので，やや複雑である。そこで，単純化した感度分析を次に示すことにしよう。

	アルタ・レストラン		（単位：千円）
料理売上高			1,000
業務費用	原材料コスト	400	
	時間給（変動費）	100	
	正社員給料および間接費（固定費）	300	800
純利益			200

価格，販売量，原材料コスト，業務変動費，および固定費がそれぞれ10％増加したときの利益の変化を計算すると，次のようになる。

図表6-11 利益発生要因の10％増加の影響

	現在	価格	販売量	原材料コスト	変動費	固定費
売上高	1,000	1,100	1,100	1,000	1,000	1,000
原材料コスト	400	400	440	440	400	400
業務変動費	100	100	110	100	110	100
固定費	300	300	300	300	300	330
総費用	800	800	850	840	810	830
純利益	200	300	250	160	190	170
利益増減率		50％	25％	20％	5％	15％

このレストランの場合，利益増減率は比較的安定している。それは，原材料コストと業務変動費との合計額である総変動費の総費用に占める割合が比較的高率であることが，利益増減率に影響を与えていることによるであろう。だが，これらの利益増減率は，利益の水準を維持することを経営の目的とする場合には，価格水準の評価，およびそ販売量と総変動費の増減変化に注目すべきことを示唆している。たとえば，価格管理をやり損ねたため，その結果売上高が2％減少してしまったということは，10％（2×5.0）の不利な影響を利益に与えることを意味する。これに対し，時間給労働者に対する管理の不手際が原因による2％のコスト増加は，1％（2×0.5）の負の効果に止まる。この例では，レバレッジ効果の差異は明らかであるが，しかし一般には，ホスピタリティ・ビジネスにおけるレバレッジの効果は，コストよりも収益の方が大きい

86　第6章　意思決定のための原価-営業量-利潤関係分析

図表6-12　費目と資本変動の損益分岐図表

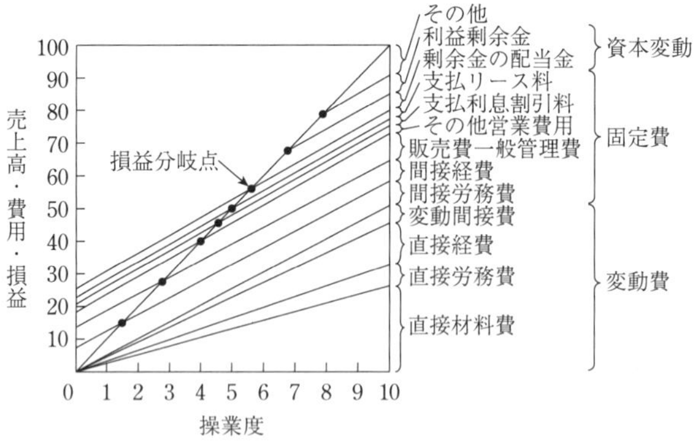

（グラフ：横軸「操業度」0〜10、縦軸「売上高・費用・損益」0〜100。下から順に直接材料費、直接労務費、直接経費、変動間接費、間接労務費、間接経費、販売費一般管理費、その他営業費用、支払利息割引料、支払リース料、剰余金の配当金、利益剰余金、その他を積み上げ。右側に｛変動費、固定費、資本変動｝の区分。損益分岐点が示されている。）

といえる。このことは，原材料コストを含む変動費に対するコントロールも必要であるが，それよりも販売量，セールスミックス，および価格対策の方を重視すべきで，利益性指標としては売上総利益を重視する必要があることを意味する。

（4）　その他の応用例

(a)固定費と財務の管理のための損益分岐図表

　これまで取り上げてきた損益分岐図表は，総費用を変動費と固定費とに区分して計上してきた。変動費や固定費を費目別また資本変動項目別に区分した状態で損益分岐点を示せば，固定費や財務管理に役立つ図表となる。これを示せば図表6-12のようになるが，ここでは固定費を形態別に区分して表示することにする。

　上の図において，固定費項目あるいは資本変動項目の削減の影響は，それだけ損益分岐点の位置を下方に移動させるので，操業度および売上高に対するきめ細かい管理を可能にする。

(b)統制に役立つ損益分岐図表

　損益分岐図表は計画技法であるが，Kotasは統制のためにも役立つ分岐図表を示している。統制に役立つ損益分岐図表の特徴は，予算や一定の基準と実績とを比較することである。予算と実績とに差異が発生した場合，予算上の損益分岐点・利益と実際の損益分岐点・利益とに差異がみられるが，その差異を発

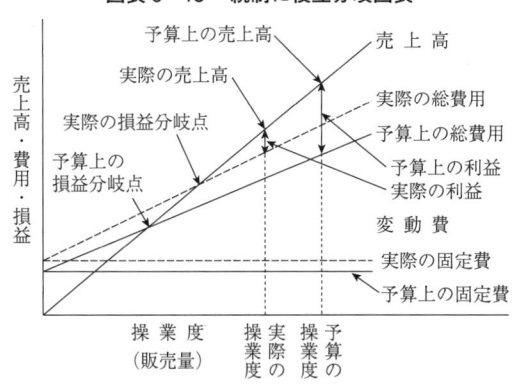

図表6-13 統制に役立分岐図表

生させた原因を図示する。このような図を作図すれば，図表6-13のようになる。

この図表をみれば，予算上の利益額と実際の利益額とに差異があらわれていることと，その原因には三つ存在することがわかる。実際の固定費が予算より少し増加し，実際の変動費も予算より少し増加したのに対し，実際の売上高および販売量が予算よりかなり落ち込んでいることを知ることができる。

(c)収支分岐点

総合管理において，収益性と財務安全性とをバランスさせることは，極めて重要であることから最大の関心事にもなっている。ここまで示してきた分岐点分析は，損益計算の観点から論じたものである。しかし，経営意思決定には，純利益よりも現金フローの方により大きな影響をもたらすような決定があるので留意する必要がある。たとえば，設備投資計画では必要現金支出額の算定が重視される。また，固定資産の取得は，企業会計制度上の取り扱いを要する取引であるが，現金支出を伴う経済行為でもある。このことは，現金主義的見地に立つ分岐点分析の必要を示唆している。

前掲図表6-1の設例において，減価償却費が7,500千円でその他の固定費が現金支出費用と仮定すれば，収支分岐点操業度は次のように算定する。

$$収支分岐点操業度 = a/(p-b)$$
$$= (10,000 - 7,500)/(3-2)$$
$$= 2,500 単位$$

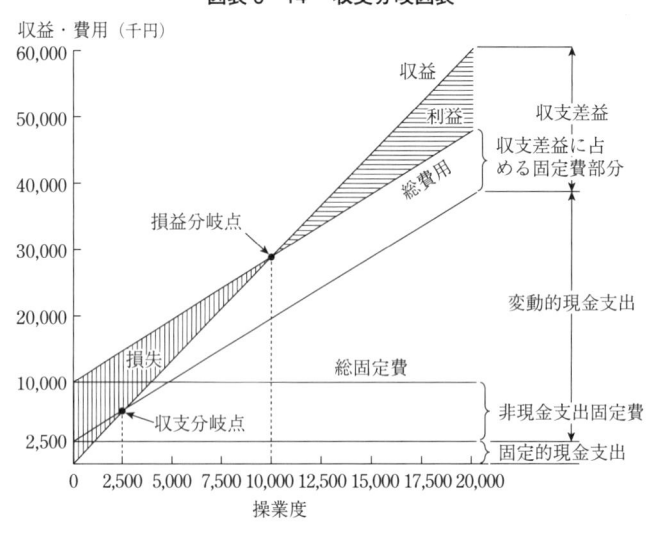

88　第6章　意思決定のための原価-営業量-利潤関係分析

図表6-14　収支分岐図表

（収支分岐図表：収益・費用（千円）を縦軸、操業度を横軸にとり、収益線・総費用線・総固定費線を示す。損益分岐点は操業度10,000付近、収支分岐点は操業度2,500付近。収支差益、収支差益に占める固定費部分、変動的現金支出、非現金支出固定費、固定的現金支出などが示されている。）

　ここでは，簡略化した収支分岐点分析を取り上げるので，売掛債権や買掛債務などの関係諸科目による修正は考慮しないことにする。これを収支分岐図表で示せば，図表6-14のようになる。

(5)　PV図表の活用

(a)利益増加のPV図表

　CVP関係による利益要因分析は，限界利益に注目することでより効果を高めることができる。前掲図表6-9をPV図表で示せば，図表6-15のようになる。

　これらの図表によって，固定費回収後の利益の動向をみることができる。設例では，各要因は個別的で直線的な動態をあらわすものとして示してあるが，実際の経営では相互に関連している場合が多い。たとえば，固定費回収後に売上の一層の増加を図るために販売価格を引き下げる経営政策を展開するときのように，限界利益線の角度はそのさいに変化することがあるので留意する必要がある。

(b)多品種製品のPV図表

　上述の損益分岐分析は，単一製品のみを扱っている経営組織を前提にしてい

1 CVP分析の前提   89

図表6-15 利益改善要因別PV図表

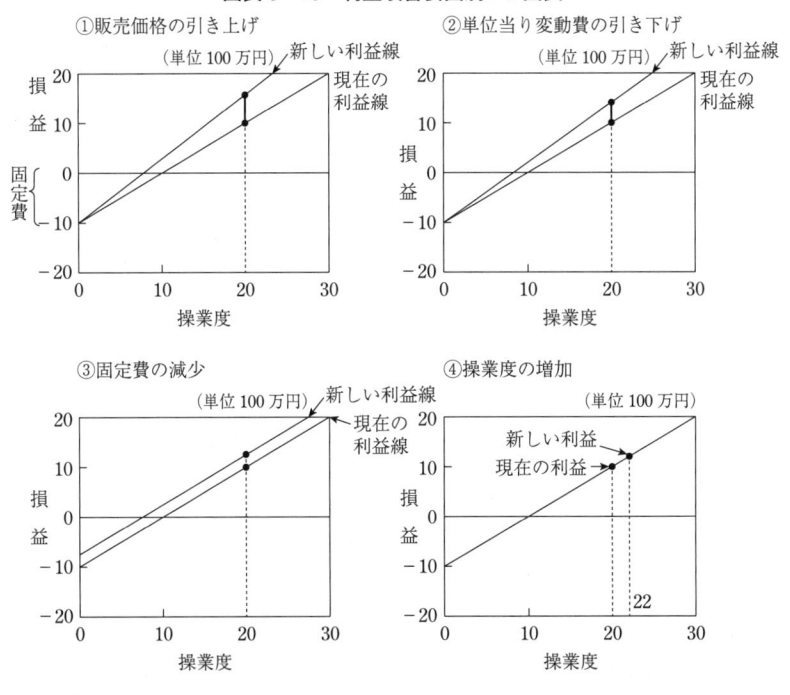

①販売価格の引き上げ　②単位当り変動費の引き下げ

③固定費の減少　④操業度の増加

る。多品種製品構成の組織の場合，すべての製品の限界利益を一括計算しそれに基づいてPV図表を作図することもできるが，品種毎に変動費率が違えば限界利益率も異なってくるので，その点を意識するなら異なるアプローチが必要になる。限界利益率の異なる製品構成となる場合のPV図表を作成すれば，製品管理や部門別管理に役立つデータを得ることができる。多品種製品からなるPV図表は，基礎的なPV図表をベースにおいてそこに複数製品を繋げて作成すればよい。

図表6-16 製品別PV率
(単位千円)

製品構成	売上高	変動費	限界利益	PV率(%)
A	40,000	22,000	18,000	45
B	25,000	11,000	14,000	56
C	20,000	13,000	7,000	35
D	35,000	14,000	21,000	60
合計	120,000	60,000	60,000	50

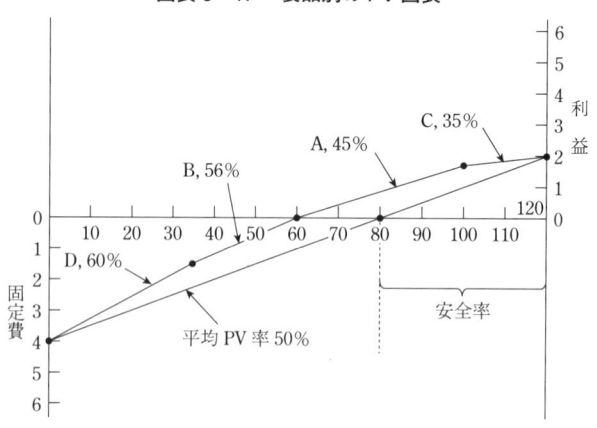

図表6-17　製品別のPV図表

この図表は，次の手順で作成する。

多品種製品構成の限界利益線は，限界利益率の最も高い製品，上の設例によれば，製品Dから始めて順次より低い製品へと繋げていく。最初に描く製品Dの限界利益線は，総固定費を示す点（40,000）を起点とし，そこからDの売上高（35,000）と限界利益（21,000）を示す点へと直線を描く。同様に，B→A→Cと続けて描いていけばよい。

企業全体の限界利益線は，総固定費（40,000）を示す左側縦軸上の点から右側縦軸上の総利益（20,000）を示す点まで直線を描くことによって示すことができる。この直線と売上高線の交点（80,000）が損益分岐点となる。

このPV図表を作成する目的は，損益分岐点および安全率を示すとともに各製品がどの程度企業利益に貢献しているかを示すことにある。このようなPV図表は，さらに事業所別や販売員別に作図できれば一層効果的である[2]。

問題（1）

100室を持つモーテルが次の割合で客室を貸している。（単位：円）

（2）損益分岐図表の活用については，次に示すKotasの著書を参考にしているところが多い。
R. Kotas (1999) Chapter 5.

1 CVP 分析の前提

50 %	シングル	@	6,000
25 %	ダブル	@	7,500
25 %	トリプル	@	9,400

　変動費は 1 室平均 2,100 で，年間固定費は 35,000,000 である。1 日平均 40 室が宿泊客で埋まるとして，以下の問題に答えなさい。

（1）損益分岐操業度を計算しなさい。
（2）営業利益が年 3,000,000 のときの稼働率を計算しなさい。
（3）客室の平均料金が 20 % 減少し，営業利益が 3,000,000 の場合に稼働率はいくらになるか。
（4）変動費を稼働室当たり 2,500 に上げると，客室の平均料金が 10 % 上昇すると予想する。また，宣伝広告費を 2,000,000 とし営業利益を 4,000,000 と見積ると，稼働率はいくらになるか計算しなさい。

解　答

（1）40 室稼働の場合：20×6,000＝120,000
　　　　　　　　　　　10×7,500＝ 75,000
　　　　　　　　　　　10×9,400＝ 94,000

　　平均客室料金　　　　　　　289,000／40 室＝7,225 円
　　損益分岐点操業度：35,000,000／(7,225－2,100)＝35,000,000／5,125
　　　　　　　　　　　　　　　　　　　　　　　＝6,829 室

　　稼働率：6,829／(100×365)＝6,829／36,500
　　　　　　　　　　　　　　＝18.7 %

（2）(35,000,000＋3,000,000)／5,125＝7,415 室
　　稼働率：7,415／36,500＝20.3 %

（3）(35,000,000＋3,000,000)／(7,225×80 %－2,100)
　　　　　　　　　　　　　　＝38,000,000／(5,780－2,100)
　　　　　　　　　　　　　　＝10,326 室

　　稼働率：10,326／36,500＝28.3 %

（4）35,000,000＋4,000,000＋2,000,000＝41,000,000／(7,225×110 %－2,500)
　　　　　　　　　　　　　　＝7,526 室

　　稼働率：7,526／36,500＝20.6 %

第7章 予算管理

① 予算管理の意義

　予算管理は，組織に予算を計数的手段として適用する経営管理であり，組織の総合的な計数管理手段として多数の企業によって採用されている。公式的な計画設定システムをもつ企業組織の場合，予算は，環境分析・自社分析，長期計画・プログラミング，短期計画，業績測定，業績報告というコントロール・プロセスの重要な側面を担っている。その意味でも，予算は組織コントロールにとって不可欠な計数的手段となっている。

　予算は，組織の行動計画を価値計数的に表現した総合的な短期計画であるので，必ず経営計算制度とりわけ会計数値に基づいて表現されるが，単なる会計諸表というようなものではない。通常では，プログラミングに基づいて決定される予算編成方針にしたがって体系的に編成される。

　予算管理のプロセスは，トップが策定した戦略を実現するという目的のために，各責任センターの意思決定を相互調整するという役割を遂行する。この垂直的・水平的な調整の結果，各責任センターの業績を評価する尺度としての予算が設定される。このように，予算は，組織の諸活動を計画化し，調整し，業績を評価するために作成される。換言すれば，予算管理とは，このような計画設定と調整と統制という経営管理活動を予算によって遂行することをいう。それには，組織成員による予算の承認，予算と実績との差異把握・差異分析を通しての業績評価と是正措置を講ずるという行為が含まれる。したがって，このプロセスは，フィードフォワード・コントロールとフィードバック・コントロールとの相互作用関係からなるクローズドコントロール・システムによる組織コントロール，それに組織成員に対する動機付け管理の両面から構成されるとみなければならない。企業予算の基本的機能がこの「組織コントロール」と

「動機付け管理」であるという点に注目しなければ予算管理は成功しえないので，その点に留意する必要がある。

2 予算管理の要素

1．予算期間

多数の企業は，年1回予算を作成し，期間も1年としている。企業は，管理上短期の予算を必要としているので，年度予算額を12ヶ月とか3ヶ月で割って月次予算または四半期予算を求めることもあれば，必要に応じて詳細に見積って月次予算などを作成することもある。しかしながら，予算期間の選定は，産業や環境の特性に基づいて行われることもある。たとえば，造船会社や建設会社のような場合には中・長期の予算を，ファッション産業の場合には比較的短期の予算を必要としている。

さらに，向こう1年間の予算を常時維持しながら将来へ継続して移動を続ける予算がある。この予算は，1ヶ月あるいは3ヶ月経過するごとに新たに将来の当該継続期間を追加するというたて方をする。これを移動予算（rolling budget）という。

ホスピタリティ産業の場合は，その多様性に鑑みて，予算期間をフレキシブルに設定する必要がある。

2．外部環境

予算は実行期間中に予想される企業外部の環境の動きを予測しなければならない。予測は受動的な期待になるが，この予測に基づいて作成する予算による管理は外部環境に対してむしろ能動的に対応する。実行予算には，そのような意味が含まれているとみなければならない。

3．内部条件

予算編成にあたって管理者は，戦略の具体的な形態である経営方針を予算に反映させなければならない。

4. 予算編成組織

予算編成は，基本的に，予算委員会，予算スタッフ，および部門管理者によって実施される。

(1) 予算委員会　予算委員会は上層管理者によって構成され，予算の編成作業を管理する。予算委員会の長には全般管理者が当り，あらゆる職能部門の代表者がこれに参加する。コントローラはこの委員会の事務局としての仕事をこなす。予算委員会の重要な仕事は，部門間相互の調整を確実にしかも公正に行うことである。予算に関する意思決定はライン組織が行い，予算に対する最終の承認は取締役会の議を経て社長が行う。

(2) 予算スタッフ　予算管理者を長におく予算スタッフ部門は，予算管理プロセスを支援する。したがって，予算スタッフは，一般にスタッフ部門として行動し独自に予算を作成することもなければ内容を決定することもない。だが，現実には，予算スタッフの長がラインの立場で行動することもあるので，その場合は予算委員会との関係を整理する必要がある。一般の事業会社の場合，その長は計数管理活動に責任を持ってあたるコントローラ部のメンバーであることが多い。

(3) 部門管理者　各部門の管理者は，予算原案を作成し，実行予算を実施し予算による統制に責任を負う。

③ 予 算 体 系

多くの会社は，期間5年程度の長期計画を持ち，この計画のもとで毎期次年度の目標と業務計画を総合的に検討し，それを会社全体のプログラムの設定に繋げている。予算はこのプログラムを基礎において利益計画として作成される。

予算は，利益計画として作成されるので，予算を体系化する場合その点を考慮に入れる必要がある。予算体系の基本型は，総合予算，業務予算，現金予算，資本支出予算によって構成されるが，予算が組織の意思決定の手段として利用されてきたという点を考慮すれば，責任会計の見地から適用されなければならない。予算体系は，業種，企業環境により異なるが，上の点を考慮すれば

図表 7-1　予算体系

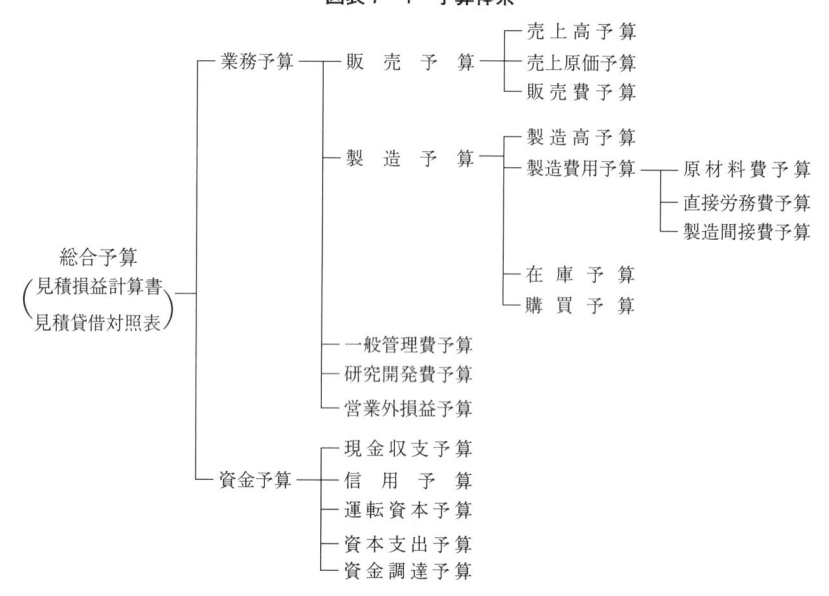

```
                              ┌─ 売 上 高 予 算
                    ┌─ 販 売 予 算 ─┼─ 売 上 原 価 予 算
                    │              └─ 販 売 費 予 算
                    │
                    │              ┌─ 製 造 高 予 算                ┌─ 原 材 料 費 予 算
          ┌─ 業務予算 ─┼─ 製 造 予 算 ─┼─ 製 造 費 用 予 算 ─┼─ 直接労務費予算
          │         │              │                              └─ 製造間接費予算
総合予算    │         │              ├─ 在 庫 予 算
(見積損益計算書) ─┤         │              └─ 購 買 予 算
 見積貸借対照表   │         │
          │         ├─ 一 般 管 理 費 予 算
          │         ├─ 研 究 開 発 費 予 算
          │         └─ 営 業 外 損 益 予 算
          │
          │         ┌─ 現 金 収 支 予 算
          │         ├─ 信 用 予 算
          └─ 資金予算 ─┼─ 運 転 資 本 予 算
                    ├─ 資 本 支 出 予 算
                    └─ 資 金 調 達 予 算
```

　その基本構造は図表 7-1のようになる。年度予算の編成作業は，貸借対照表の作成をもって終わることになる。

4　予　算　原　則

　予算は，経営管理活動と結びついた予算計画と予算統制のプロセスとして運用されるので，この組織コントロールとともに組織成員に対する動機付け管理を適切に遂行するためにも，重要な役割を果たされなければならない。この活動を成し遂げるためには，以下に示すような原則を踏まえる必要がある。
① 　組織原則　予算管理は，明確な権限と責任のラインと結びついた組織構造に依拠しなければならない。
② 　責任会計原則　予算は組織成員の責任と結びついた効果的な会計システムを必要とする。この効果的な会計システムとは，とりわけ個別の管理者の業績を測定し評価できるシステム，およびそれに関連する情報を効果的に収集し伝達できるシステムのことである。

③　参加の原則　この原則は，計画設定のプロセスにおいてデータのインプットに明確な責任を求めるということである。管理者が上司の方針に従って管理責任を遂行する場合，計画の設定と執行に責任を持つべきであるという考えに基づくものであり，この原則を効果的に機能させるためには，スタッフやラインといった組織分担と職務内容を明確にしておく必要がある。

④　適時性の原則　計画的活動は文字や数字によって示された明確なスケジュールにしたがって行われるべきである。予算管理において，いかに高度な内容が盛られていようとも時宜を失するデータは意味をなさないからである。予算や実績報告はタイムリーに提供されなければならない。

⑤　確信の原則　管理者は，予算制度が企業の行動に何らかの影響を与えると確信しなければならない。現実的な業績目標を事前に能動的に設定することは管理者の任務であると心得なければならない。

⑥　弾力性の原則　予算は経営管理のツールとして役立つように弾力的に運用されるべきであり，内外の環境条件に想定外の変化が起これば予算自体の修正を行うことも考えなければならない。

⑦　現実主義の原則　予算編成のプロセスでは，硬直した考え方にとらわれることのないようにすることが大切である。たとえば，予算執行者の目標は，動機付けの見地から達成可能な目標として設定されることが望ましい。

　その他，コミュニケーションの原則，例外管理の原則，フォローアップの原則とか原価意識の原則など予算統制過程で重要視すべき諸原則もある。

　以上の諸原則は，基本的には組織の構造と機能，有効なコミュニケーション，および啓蒙的人間関係とかかわるものである。

5　予算計画

　企業予算は，伝統的に，計画設定，調整，および統制という経営管理活動のために役立つ計数的手段であるといわれてきた。この考え方は，経営管理のサイクル活動が各過程間の相互規定の関係に基づく活動であるとみる視点による

ものである。予算が予算計画と予算統制という計数管理活動を通して調整を実現させる役割を与えられているということは，伝統的な見方による管理のサイクル活動について整序化する必要があることを意味する。この場合，計画設定・統制と調整とが異質の活動で，むしろ調整が計画設定および統制のサイクル活動を通して実現するものと考えられるので，予算は，管理者がこうした管理活動を遂行するために利用するツールであるとみることができる。

　一方，管理者は，様々な目的や目標ができるだけ円滑に達成できるように管理活動を遂行しなければならない。こうした目標の達成には調整機能が不可欠であるとすれば，予算は，組織目標の形成と達成を遂行する管理活動に貢献する計数的手段になりうるとみることができる。これを組織の視点からみると，予算は，組織の目標形成を含む意思決定と業績評価に対して貢献的機能を遂行するのである。換言すれば，予算は，計画会計と統制会計の計数的枠組みを提供することによって予算計画と予算統制の計数管理活動の形成に貢献するのである。この貢献的機能を予算の基本的機能という。企業が利益目標を組織目標とするなら，予算は，利益目標形成の意思決定と業績評価に対して計画会計と統制会計という計数的手段を提供し，そのことによって調整機能を発揮するのである。本書は，分かり易いようにするために，上記の組織コントロールに対する予算管理の活動を，利益目標を志向する予算計画と予算統制という表現法を用いることにする。

1．予算作成プロセス

　予算は，予算期間と呼ぶ将来の一定期間についての計画を貨幣価値によって表示し作成したものであるから，予算の作成方法には，基本的に二つの方式がある。一つは積み上げ方式であり，最下層の責任センターから出発しそこから積み上げていって作成する方式であり，いわゆる現業部門から始める方法である。

　これに対し，スタッフである予算管理部門で予算原案を作成し最高経営責任者の承諾を得て各層の各責任センターにおろす方式である。これを天下り方式という。両者とも利点をもつが，問題点も含む。

　そこで，妥当なアプローチとして，この二つの方式の組み合わせが考えられ

る。それは，長期経営計画あるいは最高経営責任者の政策表明によって指針を設定し，各層の責任センターがこの指針に基づいて予算原案を作成し，この予算原案を予算スタッフの援助のもとに調整を行って予算を確定する方式である。この方式は，会社の目標と各責任センターの目標との調整を可能にするだけでなく，部門関係者の予算作成への参加をも可能にするという点において動機付けの面で有効である。この方式に依拠して予算作成プロセスを示せば以下のようになる。

（1） 大綱的利益計画

大綱的利益計画は，トップマネジメントの基本方針または長期経営計画が作成されている場合にはこの計画に基づいて，基本的な短期的利益計画として作成し決定したものである。この利益計画は，収益性と財務流動性との間の最適な均衡状態を確保するという原理的な管理思考のもとに設定される。利益計画は，基準操業度からの過不足が出たときに修正の可能性があらわれるという性格をもつので，なによりも販売予測が重要となる。

販売予測の方法には様々のものがあるが，ここでは三つのアプローチをあげるに止める。

① 生産または販売に直接関係している質の高い経験をもつ成員の判断に依拠して予測する。各人の見解を寄せ集めることができるので，それらを販売予測としてまとめる必要がある。このアプローチは，短期販売予測の場合に有効である。

② 売上高の時系列分析に基づく予測。この方法は，過去のデータを基礎において季節的変動や循環的要素などを加味して予測する。

③ 相関関係を使用した予測。このアプローチは，GDPなどの外部要因に基づく経営活動水準の変化と売上高の変化との相関を求めて予測する。

これらの諸方法は併用されることが多い。高度に洗練された数理的手法またはコンピュータソフト等を利用すれば精度および信頼性を一層高めることができるであろう。

（2） 短期利益目標の設定

大綱的な利益計画が決定できれば，各種の部門予算を作成する前に短期利益目標を決定しておく必要がある。そのさいに，価格，販売量，およびコストの

関係を最適化する見地から利益目標を選択する必要がある。これらの相関関係は，CVP分析と呼ばれる方法に依拠し利益図表を作図することで把握することができる。以下では，損益分岐分析に基づいて利益計画を設定する手続きを簡単に説明することにする。

図表7-2　売上高・費用・目標利益の見積り　（単位千円）

基礎データ	価格低下 20%	価格低下 10%	現在の販売価格	価格上昇 10%	価格上昇 20%
販　売　量	37,500	21,429	15,000	11,538	9,375
価　　　格	2.40	2.70	3.00	3.30	3.60
売　上　高	90,000	57,858	45,000	38,076	33,750
変動費(単位2.00)	75,000	42,858	30,000	23,076	18,750
固　定　費	10,000	10,000	10,000	10,000	10,000
総　費　用	85,000	52,858	40,000	33,076	28,750
目　標　利　益	5,000	5,000	5,000	5,000	5,000

この表に基づいて利益計画を作成すれば図表7-3のようになる。

通常の作成法によれば，販売予測に基づいて，当該予算期間の限界利益を確保するための販売価格と販売量の相関を検討し短期利益目標を設定する。次に，これらのデータに基づいて販売予算，製造予算などの部門予算を作成するという手続きを要する。本書は，ホスピタリティ産業の予算について述べなけ

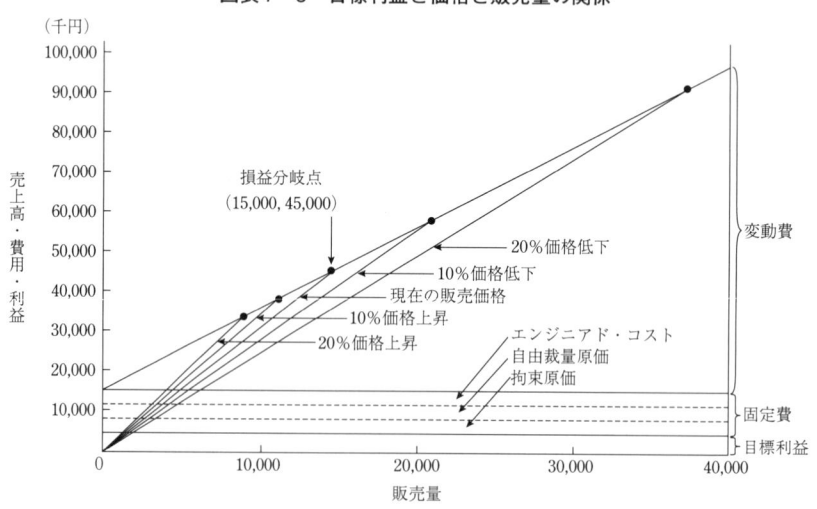

図表7-3　目標利益と価格と販売量の関係

ればならないので，予算管理，在庫管理，および会計手続きに基づいたプロセスを取り上げる必要がある。なかでも，販売予算が最も重要であるから，以下では販売予算と在庫予算，およびそれに関連する予算について述べるに止めたい。

（3）販売予算

販売予算の作成は，通常，営業部門の管理責任者が行う。販売予算は，一般に過去の営業データに市場調査員や販売担当者から得るデータ等を交えて見積ることになる。こうして作成される販売予算は，その他各予算の基礎をなすのでその編成に当たっては慎重でなければならない。レストランおよびホテルの例を示せば，以下のようになる。

図表7-4　梅の橋上レストラン
販売予算　（2011年4月—2012年3月）　（単位：円）

部門	販売量	食事 平均価格	売上高	飲料 平均価格	売上高	合計
レストラン	21,250	1,100	23,375,000	200	4,250,000	27,625,000
コーヒーショップ	31,850	550	17,517,500	350	11,147,500	28,665,000
スナックバー	20,120	400	8,048,000	150	3,018,000	11,066,000
	73,220		48,940,500		18,415,500	67,356,000

図表7-5　ヒルズーホテル
販売予算　（2011年4月—2011年6月）　（単位：円）

月	シングル 販売量	売上高	ダブル 販売量	売上高	利用率（%） 全室	ダブル	平均価格	合計
4	1,050	7,350,000	810	6,885,000	62.0	43.5	7,653	14,235,000
5	1,100	7,700,000	750	6,375,000	59.7	40.5	7,608	14,075,000
6	1,230	8,610,000	910	7,735,000	71.3	42.5	7,638	16,345,000
合計	3,380	23,660,000	2,470	20,995,000	64.3	42.2	7,633	44,655,000

*　① 利用可能客室数は，100室である。年中無休で営業。
　　② シングル料金を7,000円，ダブル料金を8,500円として計算してある。
　　③ ダブル室の利用率は，毎月のダブル室の販売量を総販売量で除したものである。

上記の販売予算から，次の四半期には，7,633円の平均宿泊料金を達成するように努めなければならないということがわかる。

（4）在庫および製造予算

在庫予算および製造予算は，製造量予算と製造費用予算からなる。前者は，製品在庫予算に基づいて作成され，後者は，製造量予算に基づいて作成され

る。製造必要量は，次式によって算出される。

　　　予算製造量＝予算販売量＋期末在庫必要量－期首在庫量

　期末在庫必要量は，次期の予算期間の見積販売量に基づいて算定される。

　製造費用予算は，直接材料費予算，直接労務費予算，および製造間接費予算からなる。在庫および製造予算の形式は，図表7-6のようになる。

図表7-6　在庫および製造予算

(単位：千円)

	参　照	予　定販売量	期末製品在庫必要量(見積)	必要量合　計	期首製品在庫量	製　造必要量
A　製　品	1					
4　月		2,550	2,085	4,635	2,000	2,635
5　月		2,700	2,360	5,060	2,270	2,790
6　月		2,850	3,000	5,850	2,905	2,945
第1四半期		8,100	3,000	11,100	2,730	8,370
第2四半期		7,800	2,900	10,700	2,640	8,060
第3四半期		5,700	2,010	7,710	1,820	5,890
第4四半期		8,400	3,000	11,400	2,720	8,680
計		30,000	3,000	33,000	2,000	31,000
B　製　品	1					
4　月		3,400	3,068	6,468	3,000	3,468
5　月		4,100	2,870	6,970	2,788	4,182
6　月		4,500	2,960	7,460	2,870	4,590
第1四半期		12,000	2,960	14,960	2,720	12,240
第2四半期		13,500	3,000	16,500	2,730	13,770
第3四半期		9,500	3,580	13,080	3,390	9,690
第4四半期		15,000	4,000	19,000	3,700	15,300
計		50,000	4,000	54,000	3,000	51,000
合　　計		80,000	7,000	87,000	5,000	82,000

（5）　材料および購買予算

　この予算で重要な要素は，①予算製造量にあてる原材料消費予算，②原材料在庫予算，③原材料購買予算である。

　原材料消費高は，原材料が概ね常に変動費項目であるので，製造予算に示される予算製造量に原材料単位消費率（製品単位当たり材料標準消費量×予定価格）を乗ずることによって算出される。あるいは，製造予算に表示されている予算製造量に材料標準消費率を乗じて原材料必要量を求め，それに予定価格を乗じて材料費予算とする方法もある。

5 予算計画

原材料在庫予算は，企業の在庫管理政策に基づいて適正在庫量確保の見地からたてる必要がある。在庫管理政策は，次の二つの基本要素からなる。すなわち，発注量および発注時点の決定である。

前者に関するアプローチには，EOQ モデルがある。

$EOQ = \sqrt{2SD/H}$
 D ＝年間需要量
 S ＝一回あたり発注費
 H ＝棚卸資産 1 単位当たり保管費

この公式があらわす平均在庫量は EOQ/2 となる。需要量が相当に不安定である場合や，発注時点と入庫時点との間のリードタイム（delivery lead time）が不安定な場合は，安全在庫量を考慮しなければならない。この場合には，EOQ/2 ＋安全在庫量となる。

発注時点に関するアプローチには二つの方式がある。一つは，在庫量が一定水準に達した時点で一定量を発注する方式である。次には，発注時点間の間隔を一定に定めておいて，発注時点で棚卸資産回転率などの分析手法に依拠して発注量を決める方式がある。

原材料購買予算は，製造予算のデータに基づいて作成される。予算購買量は次式により算出される。

　　予算購買量＝予算原材料消費量＋期末在庫必要量－期首在庫量

これらを例示すれば，図表 7 - 7，図表 7 - 8 のようになる。

図表 7 - 7　原材料費予算

(単位：千円)

	参照	A 品 予定製造量	A 品 標準消費率	A 品 原材料消費高	B 品 予定製造量	B 品 標準消費率	B 品 原材料消費高	原材料消費高 合計
材 料 X	2							
4 月		2,635	500	1,318	3,468	500	1,734	3,052
5 月		2,790	500	1,395	4,182	500	2,091	3,486
6 月		2,945	500	1,472	4,590	500	2,295	3,767
第 1 四半期		8,370	500	4,185	12,240	500	6,120	10,305
第 2 四半期		8,060	500	4,030	13,770	500	6,885	10,915
第 3 四半期		5,890	500	2,945	9,690	500	4,845	7,790
第 4 四半期		8,680	500	4,340	15,300	500	7,650	11,990

104　第7章　予算管理

計		31,000	(1×500)	500	15,500	51,000	(1×500)	500	25,500	41,000
材料Y	2								
4月		2,634		300	790				790
5月		2,790		300	837				837
6月		2,945		300	884				884
第1四半期		8,369		300	2,511				2,511
第2四半期		8,060		300	2,418				2,418
第3四半期		5,890		300	1,767				1,767
第4四半期		8,680		300	2,604				2,604
計		30,999	(1×300)	300	9,300				9,300
材料Z	2								
4月						3,468		500	1,734	1,734
5月						4,182		500	2,091	2,091
6月						4,590		500	2,295	2,295
第1四半期						12,240		500	6,120	6,120
第2四半期						13,770		500	6,885	6,885
第3四半期						9,690		500	4,845	4,845
第4四半期						15,300		500	7,650	7,650
計						51,000		500	25,500	25,500
合計					24,800				51,000	75,800

図表7-8　購買予算

(単位：千円)

	参照	原材料標準消費量	期末在庫量（見積）	必要量合計	期首在庫量	購買数量	購買単価	購買金額
材料X	2							
4月		6,103	8,489	14,592	9,399	5,193	500	2,597
5月		6,972	9,469	16,441	8,531	7,910	500	3,955
6月		7,535	9,795	17,330	10,214	7,116	500	3,558
第1四半期		20,610	9,795	30,405	10,186	20,219	500	10,110
第2四半期		21,830	10,612	32,442	9,850	22,592	500	11,296
第3四半期		15,580	9,265	24,845	6,546	18,299	500	9,150
第4四半期		23,980	10,000	33,980	10,090	23,890	500	11,945
計		82,000	10,000	92,000	7,000	85,000	500	42,500
材料Y	2							
4月		2,635	3,783	6,418	4,276	2,142	300	643
5月		2,790	4,108	6,898	3,946	2,952	300	886
6月		2,945	4,324	7,269	4,422	2,847	300	854
第1四半期		8,370	4,324	12,694	4,753	7,941	300	2,382
第2四半期		8,060	4,540	12,600	4,241	8,359	300	2,508
第3四半期		5,890	4,324	10,214	2,808	7,406	300	2,222
第4四半期		8,680	4,000	12,680	4,386	8,294	300	2,488
計		31,000	4,000	35,000	3,000	32,000	300	9,600
材料Z	2							

4 月		3,468	5,222	8,690	4,685	4,005	500	2,003
5 月		4,182	5,334	9,516	4,977	4,539	500	2,270
6 月		4,590	5,222	9,812	5,806	4,006	500	2,003
第1四半期		12,240	5,222	17,462	4,912	12,550	500	6,275
第2四半期		13,770	5,443	19,213	5,862	13,351	500	6,676
第3四半期		9,690	5,278	14,968	3,086	11,882	500	5,941
第4四半期		15,300	5,000	20,300	7,086	13,217	500	6,609
計		51,000	5,000	56,000	5,000	51,000	500	25,500
総購買金額および現金支出額								77,600

(6) 販売費予算

販売費には，販売活動に伴って発生するすべての費用が含まれる。利益計画との関連を重視する場合，販売費は，製品別および費目別に区分して表示する必要がある。業績管理の見地からは，管理組織上の責任区分別に見積るとともに，固定費と変動費に区分して示すことになる。

また，機能別に販売費は，次のように分類される。

① 注文獲得費 これは販売管理費，広告宣伝費，販売促進費，および直接販売費など売上高を獲得するために必要となる費用のことである。

② 注文履行費 保管費，集金費，発送費，および荷造包装費など，製品の保管，出荷や販売事務処理業務に関して発生する費用で，獲得した注文を履行するために必要となる費用のことである。

注文獲得費は，販売努力をすることによって発生する費用であるが，販売成果と関連づけて管理することが困難である場合がある。その場合には一般に，これらの支出額の多くが固定費的性格を持つことから研究開発費に対する扱いと同様に割り当て基準に基づいて管理することになる。

注文履行費は，変動費の性格を持つとともに，変動的販売費に関連する要素であることから，その見積りには通常販売予算が活用される。販売費予算の略式例を示せば，図表7-9のようになる。

(7) 見積損益計算書および見積貸借対照表

これまで示してきた各予算は，すべて最終的には見積損益計算書と見積貸借対照表によって総括される。この総合予算は，企業の全体像や組織目標を示すので，決算財務諸表と比較することによって，ステークホルダーズに対して会計責任を明らかにする情報を提供することが可能になる。それ故に，それは，

図表7-9　販売費予算

(単位:千円)

	参照	年度合計 固定費	年度合計 変動費	年度合計 計	4月		6月	四半期 第1	第2
一般販売管理費									
（間接費）									
給　　　　料		10,247		10,247	854				
旅費交通費		498	508	1,006	248				
通　信　費		448	405	853	71				
販売事務費		226	587	813	67				
宣伝広告費		2,721		2,721	227				
減価償却費		360		360	30				
計		14,500	1,500	16,000	1,497		(省略)		
中央地域									
給　　　　料		9,924		9,924	827				
旅費交通費		548	1,307	1,855	181				
通　信　費		322	413	735	62				
販売手数料			7,655	7,655	650				
宣伝広告費		1,872		1,872	156				
荷造発送費		94	1,625	1,719	146				
原価償却費		240		240	20				
計		13,000	11,000	24,000	2,042				
〈省　略〉									
合　　　計		40,200	26,800	67,000	5,549				
差引減価償却費		1,080		1,080	90				
現金支出額		39,120	26,800	65,920	5,459				

期末に作成される公表財務諸表と比較可能なものとして作成する必要がある。

　トップマネジメントは，最終的に総合予算を決定しなければならないが，そのプロセスでは収益性と財務流動性との関係を最適化する見地から検討し，齟齬がみつかれば垂直的・水平的調整を重ねて各予算を整合させる作業へと進めることになる。この段階での調整作業が不調に終われば，指針や利益目標の変更へと進めることになる。

2．変 動 予 算

（1）変動予算の意義

　これまで述べてきた予算は，固定予算と呼称されるもので，単一の操業度を

基準にしてたてられた予算である。これに対し，多様な操業度に対応する原価を見積る基礎を与える予算がある。これを変動予算と呼ぶ。変動予算の特徴は弾力性原理にみることができる。

① 変動予算は，不連続の様々な操業度ごとに見積られた原価のビヘイビアを示すものである。
② 予算と実績の差異の発生原因について，より現実的な分析を可能にするものである。

固定予算は比較的安定している事業の単位に適用することができれば真価を発揮するが，変動予算は原価の可変性の認識に基づいて弾力的に原価を見積るので，将来の経営環境が予測不能な事業単位に適用すると原価統制目的の点において非常に有効である。

このように，固定予算および変動予算は機能や特性を異にする面があるので，両者を併用することが望まれる。

（2） 変動予算の作成方法

変動予算の適用範囲については，製造間接費に限定しようとするもの，販売費と一般管理費まで含めようとするもの，あるいは予算全般にまで拡張しようとするものなど様々である。だが，変動予算は，将来の事象が予測困難な経営環境に適用することで管理効果を高めうるという点に注目すべきである。

ここでは，ホスピタリティ産業に適用される収益会計の見地から論述することにする。

ところで，変動予算の作成方法には，実査法と公式法とがある。実査法は，一定の操業度範囲において各種の操業度を設定し，各操業度に適合する予算許容度を示す。その特徴は，種々の異なる操業度について，固変の原価分解を行わずに実査に基づいて算定された予算許容額を費目別に示すことにある。たとえば，図表7-10のようになる。

図表7-10　食品加工所変動予算（実査法）　　（単位千円）

費　　目	予定操業度――作業時間				
	15,000	18,000	21,000	24,000	27,000
管理可能費					
間接労務費	35,000	37,000	39,000	42,000	44,000
補助材料費	31,400	33,500	36,600	40,600	44,600

108 第7章 予算管理

消 耗 品 費	20,300	24,360	28,420	32,480	36,540
電 力 代	17,200	19,000	20,510	22,000	23,500
水 道 料	6,310	6,234	6,730	7,120	7,510
	110,210	120,094	131,260	144,200	156,150
管 理 不 能 費					
監 督 者 給 料	12,100	12,100	12,100	12,100	12,100
保 険 料	900	900	900	900	900
減 価 償 却 費	8,000	8,000	8,000	8,000	8,000
そ の 他 諸 経 費	1,500	1,500	1,500	1,500	1,500
	22,500	22,500	22,500	22,500	22,500
	132,710	142,594	153,760	166,700	178,650

公式法は，すべての費目を公式でもって各操業度の費用として算定する。この方式では，各費目を固定費と変動費に区分しなければならない。公式を示せば，次の通りである。

　　Y＝a＋bx
　　　y＝予算許容額
　　　a＝固定費
　　　b＝変動費率
　　　x＝操業度

公式法に基づく変動予算を例示すれば，図表7-11のようになる。

図表7-11　食品加工所変動予算（公式法）　　　　（単位千円）

費　目	予算公式 y＝a＋bx 固定費a	変動費率b	予定操業度――作業時間 15,000	18,000	21,000	24,000	27,000
管 理 可 能 費							
間 接 労 務 費	10,000	1.66	34,900	39,880	44,860	49,840	54,820
補 助 材 料 費	9,000	0.89	22,350	25,020	27,690	30,360	33,030
消 耗 品 費		0.90	13,500	16,200	18,900	21,600	24,300
動 力 費	7,000	1.10	23,500	26,800	30,100	33,400	36,700
修繕・維持費	11,000	1.32	30,800	34,760	38,720	42,680	46,640
			125,050	142,660	160,270	177,880	195,490
管 理 不 能 費							
監 督 者 給 料	11,540		11,540	11,540	11,540	11,540	11,540
賃 借 料	1,500		1,500	1,500	1,500	1,500	1,500
保 険 料	1,900		1,900	1,900	1,900	1,900	1,900
減 価 償 却 費	38,000		38,000	38,000	38,000	38,000	38,000
			52,940	52,940	52,940	52,940	52,940
合　　計			177,990	195,600	213,210	230,820	248,430

(3) 操業度測定単位の選定

　変動予算は，原価と操業度との関係に基づいて作成するので，操業度の測定尺度を決定する必要がある。

　測定尺度を決定するさいに考慮しなければならない事柄の第1は，経営活動の動態，および原価ないしは部門費との密接な相関関係を反映するような測定尺度を選ぶことである。

　この問題の一つは，インプット単位およびアウトプット単位のどちらにするかである。インプット単位はコストセンターへの諸資源の投入，アウトプット単位はコストセンターから産出される財貨や用役と結びつけて把握される。ホテル産業の客室部門のように単一の作業工程によってサービスを提供しうるケースでは，アウトプット単位の採用が適当である。これに対し，バンケット部門やレストラン部門のように多様なメニューをそろえる必要があるところでは，インプット単位が相応しい。その場合，直接作業時間，直接労務費，および原材料消費高といったインプット単位が用いられる。

　次に，測定単位を貨幣額あるいは物量のどちらで示すべきかという問題がある。物量単位は価格変動の影響を受けないので，適用されることが多い。そのさいに部門の特性や原価発生の態様，原価と売上高との相関関係などを十分に考慮に入れる必要がある。

　最後に，測定単位は，誰にも容易に理解され活用されうるものでなければならない。

(4) 予算許容額の設定

　操業度測定単位が決定したら，次に各費目のビヘイビアを変動性ないし固定性に基づいて把握する必要がある。

　変動予算においては，原価の管理可能性を認識することも重要である。変動予算による管理は，経営活動の統制を重視するので，各部門の費目を管理可能費と管理不能費とに分類して表示することが望ましい。

　以上のように，変動予算は，費用を原価の可変性と管理可能性の観点から認識し各費目を操業度測定単位に関連付け，弾力的に予算許容額を設定することによって作成される。

6 予算差異分析

　予算統制においては，期間ごとに予算と実績との比較を行う必要がある。この比較において，その差異を把握するとともに，差異発生の要因をつかみ是正措置を講ずることができれば，目標達成に近づけることができる。そのさいに，売上高および各原価項目それぞれの差異を分析することができれば有益である。原価分析のモデルについては次章の原価管理のところで取り上げることにするので，ここでは売上高差異モデルについて述べることにする。売上高差異額は，以下のように販売価格差異と販売数量差異との二つの数値からなる。これをここでは二分法による差異分析と呼ぶことにしよう。

　　販売価格差異＝(実際販売価格－予算販売価格)×実際販売数量
　　販売数量差異＝(実際販売数量－予算販売数量)×予算販売価格

　アルタ株式会社は，レストランとコーヒーショップを経営している。4月期のそれぞれの予算と実績は次に示す通りである。

	予算			実績（単位：千円）		
	販売量	平均価格	売上高	販売量	平均価格	売上高
レストラン	3,100	1.00	3,100	3,200	0.9	2,880
コーヒーショップ	6,200	0.35	2,170	6,100	0.50	3,050
合計	9,300		5,270	9,300		5,930

　総売上高の予算・実績差異を計算すると次のようになる。

　　予算：5,270－実績：5,930＝差異：660（有利差異）

　この総売上高差異を二分法によって部門別の差異分析を行えば次のようになる。

　　販売価格差異
　　レストラン　　　：　(0.90－1.00)×3,200＝－320（不利）
　　コーヒーショップ：　(0.50－0.35)×6,100＝915（有利）
　　販売数量差異
　　レストラン　　　：　(3,200－3,100)×1.00＝100（有利）
　　コーヒーショップ：　(6,100－6,200)×0.35＝－35（不利）
　　　　　　　　　　　　　　　差異合計＝660（有利）

売上高差異分析は，非常に重要な情報を提供するので，毎日，毎週，毎月の間隔で分析状況を報告書にまとめ達成状況を検討する必要がある。第6章の感度分析のところで述べているように，ホスピタリティ産業においては，販売価格および販売量といった収益面に対する管理が原価管理よりレバレッジ効果が大きいので注意が必要になる。

事例研究1　横浜ピッザ店の戦略的管理

　花井英雄は，20年前からホスピタリティ産業で働いてきた。彼の職歴には，三つの大規模全国チェーン店での業務活動が含まれている。彼は現在（株）横浜ピッザで働いているが，神奈川県の横浜市にある二つの店舗の管理を任されている。この職は才能を要するだけでなく厳しい仕事をこなす必要がある。だが，花井は週7日，1日15時間の仕事量を恐れていなかった。彼は，キャリアの昇進を希望して，当地域の3人の創業者によって3年前に設立された小規模企業である横浜ピッザの管理者のポストを受け入れたのである。

　花井は，若干の時間を使って会社の財政状態，人的資源およびマーケティングの問題の分析を行った。この分析を終えた後，このまま仕事を続けても横浜ピッザの管理者でいられるという保証がないことが分かった。だが，今となっては遅すぎるので，彼は，この新しい会社を困難な状況から脱出させ，支払い能力のある成功する企業に押し上げることが最善であると考えた。彼の秘書が複数のノートやメモ帳から作成した報告書を提出している。その内容は以下の通りである。

（1）会　社　構　造

　横浜ピッザの本社は横浜市にある。会社は市内の四つの店舗からなる。店舗1は，1990年代初期に開店した1号店で，下町の金融街にある。平日のランチタイムは大変繁盛しているし，評判も良く近隣の多くの事務所からひいきにされている。夕方の営業開始時刻は，この地域に居住する人が少ないこともあって遅くしてある。顧客の多くは，女性客であるが，なかにはメニューが新鮮さに欠けるという不満を示す客もいる。唯一の新鮮メニューといえば，イタリアンとブルーチーズという二つのドレッシングのなかから選択ができるガーデンサラダである。だが，フランチャイズ店である次郎長ピッザ・レストランが

近所のハンバーガーレストランを買い取って営業を始めるという風聞が流れていた。

店舗2は，大学の近くにある客数の多いショッピングセンターの中にある。この店の場合，夕方の営業は順当であるが，週末には配達の注文が多くなる。この店舗は，隣のブロックにママピッザ店が開業するまでは非常に調子がよかった。このママピッザの開業以降，営業業績はかなり落ち込んでしまった。

店舗3は，隣県との間をつなぐビジネス道路沿いにある。駐車場の位置が良く，店舗の入り口は主要な通行形態の左側にある。店は，開店時から閉店時まで客でにぎわっている。この地域にはピッザの競合店が存在しない。

店舗4は，横浜の主要なショッピングモールの中にある。営業成績は，週末とモールの販売促進日に抜群に良くなる。近くには，夕方遅くの売上げを伸ばしてくれる映画館がある。

会社の社長は，この業界では11年のベテランである。時々彼は，四つの店舗をみて回り必要ならば手作業での手伝いをするように，業務活動についての知識は豊富である。だが，財務とマーケティングの方法についての理解は十分でない。社長は，花井を雇用したとき彼に四つの店舗の状況を好転させるために必要な意思決定を行うよう要請した。花井はそうした業務を進めるうちに，会社の戦略的管理に問題があることを把握したので，改めるように社長に進言した。社長は，会社全体がうまくいっていないことは知っていた。彼は，主要な競争相手がいない平塚に2店舗そして東京の品川に1店舗を開店することで組織は活性化すると考えている。

（2） 店舗の営業

四つの店舗は，昼時間に週7日午前11時から午後2時まで営業している。最も忙しい時間帯は店舗ごとで異なる。下町の店舗は，月曜日から木曜日までのランチタイムが忙しい。また，すべての店舗は，週末の午後4時から8時までが極めて忙しい。一般に，配達のために6人の運転手が金曜日の夜には必要になるが，活気のない時間帯には1名で十分である。会社の方針は，30分以内にピッザを配達することである。

パイ焼き職人と注文を受ける従業員の時間給は1人当たりそれぞれ1,000円と1,100円である。配達運転手は，最低賃金＋距離手当を受け取る。各店舗の

営業は，在庫管理，仕事の割り当て，収入の管理を任されている管理者によって運営されている。

（3） 人　　事

会社は，素早いサービスと良質の商品の提供を可能にする鍵が適材適所の従業員配置と訓練に依存すると確信してきた。なぜなら，高度の生産性を確保するためには，チームワークに貢献する作業環境を作り出す必要があると考えたからである。しかし実際に，店舗の管理者は，従業員入れ替えの回転率が高いために長時間の労働に励む必要があるだけでなく，サボ戦術によって生ずる一定の人事問題を扱わなければならなくなっている。管理者の実質所得は，年間5,000千円ほどになる。サラリーは平均3,400千円であるが，これに店舗利益の12％のボーナスが加算される仕組みになっている。だが，四つの店舗の管理者のうち5年以上会社に勤めてきたのは1人だけである。パートタイム労働者の雇用を常時続けてきたのも問題である。これは，従業員1人当たりの週時間を最小におさえることができなかったことと，営業予定表に合わせる必要から生ずる分配方法のやりくりによるものである。

1店舗当り給料や賃金の支払いが必要な従業員は，管理者および平均して20人のパートタイム労働者からなるパイ焼き職人，注文を受ける者と運転手である。しかしながら，従業員の高い回転率とサボ戦術のため，店舗は慢性的な労働力不足とサービスの低下に悩まされている。

（4） 店舗の収益性

現在までの店舗ごとの活動を要約して示したものが以下の表である。計数は，6月1日から次年度の3月31日まで9ヶ月間の事業の成果をあらわしている。

図表7-12　経営業績の要約(単位：百円)

店舗1

	今月	現在までの9ヶ月間
収益		
純売上高	32,550	309,551
売上原価	7,486	65,374
売上総利益	25,064	244,177
変動費		
労務費	14,647	138,092

その他の費用	4,882	34,938
固定費	5,859	52,731
総費用	25,388	225,761
利益	(324)	18,416

店舗2

	今月	現在までの9ヶ月間
収益		
純売上高	24,800	235,200
売上原価	6,200	59,800
売上総利益	18,600	175,400
変動費		
労務費	7,688	67,192
その他の費用	4,503	40,604
固定費	7,040	63,360
総費用	19,231	171,156
利益	(631)	4,244

店舗3

	今月	現在までの9ヶ月間
収益		
純売上高	37,975	335,775
売上原価	8,354	73,871
売上総利益	29,621	261,904
変動費		
労務費	10,253	90,659
その他費用	2,658	30,220
固定費	4,091	36,040
総費用	17,002	156,919
利益	12,619	104,985

店舗4

	今月	現在までの9ヶ月間
収益		
純売上高	34,534	313,002
売上原価	8,979	71,485
売上総利益	25,555	241,517
変動費		
労務費	8,979	84,511

その他の費用	3,798	28,170
固定費	5,300	47,700
総費用	18,077	160,381
利益	7,478	81,136

集合損益計算書（昨年度）

営業収益	1,564,490
営業費用	1,295,386
営業利益	269,104
期首剰余金	305,993
期末純剰余金	575,097

集合貸借対照表（昨年度）

流動資産	230,094
固定資産	894,740
総資産	1,124,834
流動負債	105,870
銀行借入金	343,867
長期負債	100,000
総負債	549,737
純資産	575,097
負債純資産合計	1,124,834

研究課題

花井は，上の報告書をみて以下のような戦略的管理の課題をあげた。

(1) 会社は，通常通りに業務活動を続けてよいか。
(2) 再建不能な店舗があれば売却することも考える。どの店舗の売却を考慮したらよいか。
(3) 条件がそろえば，他の地域で営業することも選択肢に入れている。他の地域で営業してもやっていけるか。
(4) 会社は，健全な財政状態にあるか。

これらの質問項目に対しあなた自身の所見を明らかにする必要がある。そのさいに，(イ) 営業活動を分析しその内容を示し，(ロ) オーナーに報告する戦略ビジョンと (ハ) 戦略的目標を示しなさい。

(1) 営業活動の分析

　営業活動を分析した結果，会社が良好なマーケティングと財政状態にあることを示している。全体として，横浜ピッザは，顧客には好評で売上高も納得できる水準に達しており，全体の利益も容認できるまでとなっている。各店舗の強さと弱さを説明すると，以下のようになる。

　店舗1：良好な売上高と顧客間での秀でた評判は，新しく進出してきたレストランに対しての競争優位を下支えするであろう。

　売上高に占める労務費の割合が45％と異常に高く，それが店舗の利益つまり売上利益率を6％にまで低下させている。今月は損失を出している。

　店舗2：営業に強さがない。

　近隣のピッザ店との競争に苦しんでいる。売上高が他の店舗よりも低い。非常に高い水準にある固定費（売上高に対する固定費の比率が27％）が売上利益率を2％へと押し下げる要因となっている。今月は損失を出している。

　店舗3：すべての財務指標が優れている。この地域に競争相手もなく良いビジネス環境にあるものの，すべての財務指標はコントロールされた成果を示している。店舗の利益は，現在までのところ売上利益率が31％，今月でも33％を示し，業績は極めて優れている。

　店舗4：ビジネスは良好で，すべての費用比率もよい。今月の売上高利益率は22％であるが，9月までの期間全体では26％と非常に高い。

(2) 戦略ビジョン報告

　前年度の純資産有高だけでなく資産対負債比率＝2.05：1が示すように，会社の財政状態はよい。二つの店舗，すなわち3と4が健全な利益を生み出している。店舗1は，非常に高い労務費率を改善すれば業績を向上させることができる。労務費の占める割合を30％に下げることができれば，店舗の収益性は良好な水準に引き上げることができる。店舗2には，問題がある。すべての営業指標が決して悪くない水準にあるにもかかわらず，固定費が利益を押し下げる要因となっている。加えて，売上高が全店舗の中で最も悪い。そこで，戦略ビジョンは以下のようになる。

　① メニューの改善が必要である。とくに，客の注文の多いフレッシュサラダの種類を増やすなどの改善が必要である。

② 管理者と時間給従業員の離職率を低く抑える必要がある。とくに，店舗の人手不足を解消し客に対しては十分なサービスが提供できるように，体制の整備を急ぐ必要がある。
③ 会社は，店舗3と店舗4の管理者に対し能率を維持するように指示する必要がある。店舗1の管理者には，労務費を短期間に改善する機会を与えるか改善を求めるべきである。
④ 店舗2は，高い固定費を発生させるという解決困難な状況に直面しているので，売却すべきである。唯一の代替案は，持続的に売上を増やすことであるが，近所に強力な競合店があるのでその可能性は低い。店舗2の売却で得られる資金と，さらに資金調達がうまくいけば，他の地域に一つや二つの店舗を開店することができるし，会社の規模を大きくすることもできる。

(3) 戦略的目標

短期目標：
① 2ヶ月以内に店舗1の売上高に占める労働コストの割合を現在の45％から30％に引き下げる。
② 店舗2については，負債を減らすために債権者と交渉する，それがだめなら店舗自体を売却する。
③ 離職率が高い店舗管理者の人事問題に対処するために，すべての店舗に副管理者の職を創設する。
④ 現在のメニューにフレッシュサラダを付け加える。

中期目標：
① 店舗を他の地域へ展開することの可能性を探る。
② 会社が店舗の展開を決定するなら，店舗2を売却する。

営業活動についての分析の結果，提案する戦略ビジョンと戦略目標は以上の通りである。

上記の事例研究は，M. A. Casado の研究を引用したものである。地名，人名等は修正してある（これについては，次を参照されたい。M. A. Casado (2005) pp. 116-119）。

118　第7章　予 算 管 理

問題（1）

　100の座席を持つレストランが以下のデータに基づいて次年度の予算を作成しようとしている。(単位；円)
① 年間365日営業する。座席の年間の平均回転率は1.8である。
② 売上の平均価格は1,400である。
③ 固定費が25,800,000で，変動費率は60％である。
上の見積りに基づいて，貢献利益と事業利益を計算しなさい。

解　　答

売上高：	100×1,400×1.8×365	91,980,000
変動費：	91,980,000×60％	(55,188,000)
	貢献利益	36,792,000
	控除：固定費	(25,800,000)
	事業利益	10,992,000

問題（2）

　120の客室を持つホテルが以下の資料に基づいて次年度の予算を作成しようとしている。(単位：円)
　下記の資料に基づいて，次年度の部門別の貢献利益を計算するとともに営業利益を算定しなさい。

資料
① 客室料金を平均7,000，稼働率を75％と見積る
② 平均して，シングル客が40％を占め，残りの60％はダブルの利用客である。
③ 客室担当従業員の変動賃金コストは時間当たり900だが，客室掃除に一室当たり30分かかる。客室担当従業員の社会保険料給付金は賃金の11％である。
④ 宿泊部門の常勤従業員の賃金コスト（社会保険料給付金込み）は年間21,000,000である。
⑤ ランドリー，消耗品類の変動費は，1室当たり（稼働室）600である。

⑥ 当ホテルはまた 30 席の食堂を持つ。食堂は，一日 3 食を提供し年 365 日営業している。朝食の売上げは，宿泊客からのみ得ている。平均して，宿泊客の 75％ が朝食をとり 600 を支払う。
⑦ 昼食時の回転率は 1.55 で平均価格は 800 である。夕食時の回転率は 0.95 で平均価格は 1,300 である。
⑧ 食堂の直接費合計は売上高の 70％ である。
⑨ 販売費および一般管理費を含むホテル全体の間接費総額は 152,000,000 と見積もる。

解　答

1 年間の客室の稼働見積：（120×75％）×365＝32,850 室
一泊の宿泊客：120×（75％×40％）×1 人＝36
　　　　　　　120×（75％×60％）×2 人＝108
宿泊客合計　　　　　　　　　　　144 人

見積損益計算書

宿泊部門

売上高：32,850×7,000	229,950,000	
業務費用：		
客室作業員賃金 32,850×(900／2)	14,782,500	
客室作業員の社会保険料給付金　11％×14,782,500	1,626,075	
サービス部門直接賃金（固定費）	21,000,000	
その他変動コスト 32,850×600	19,710,000	
直接費合計		57,118,575
宿泊部門の貢献利益		172,831,425

食堂部門

売上高：		
朝食：75％×144×600×365	23,652,000	
昼食：30×1.55×800×365	13,578,000	
夕食：30×0.95×1,300×365	13,523,250	
売上高合計		50,753,250
直接費合計 70％×50,753,250		35,527,275
食堂部門貢献利益		15,225,975

120　第7章　予算管理

宿泊部門貢献利益	172,831,425	
食堂部門貢献利益	15,225,975	
貢献利益合計：		188,057,400
総間接費		152,000,000
営業利益		36,057,400

問題（3）

上の問題（2）に関して，次年度末の実際の客室稼働実績（32,500室）に対して，実際の平均客室料金が7,050円であった。さらに実際の客室担当従業員の賃金（社会保険料給付金を除く）が14,782,463円であった。宿泊部門の予算と実績の差異分析を行いなさい。（単位：円）

解　答

予算差異＝予算－実績

予算売上高	32,850×7,000	229,950,000		
実際売上高	32,500×7,050	229,125,000		
予算差異			825,000	不利

予算差異＝価格差異－数量差異

価格差異[(実際価格－予算価格)×実際販売量]50×32,500	1,625,000	有利
数量差異[(実際販売量－予算販売量)×予算価格]350×7,000	2,450,000	不利
予算差異	825,000	不利

直接賃金差異＝予算直接賃金－実際直接賃金

予算直接賃金（予算販売量×予算賃率）32,850×0.5時間×900	14,782,500	
実際直接賃金（実際販売量×実際賃率）32,500×0.5時間×909.69	14,782,463	
直接賃金差異	37	有利

活動・労務費差異＝賃率差異－活動量差異

賃率差異[実際時間×(予算賃率－実際賃率)]16,250時間×9.69	157,463	不利
活動量差異[(予算販売量－実際販売量)×予算賃率]350×0.5時間×900	157,500	有利
活動・労務費差異	37	有利

＊　実際賃率＝14,782,463／(32,500／2)
　　　　　　＝14,782,463／16,250

$=909.69$

問題（4）

90室を持つホテルの現在の平均客室料金収入は6,000円である。1年間の固定費が45,500,000円で，その変動費は31,000,000円である。平均稼働率は75％である。
(1) ホテルの損益分岐売上高を計算しなさい。
(2) 年当たり6,500,000円の営業利益を上げるのに必要な売上高はいくらになるか。客室数はいくつになるか。
(3) 変動費が1室当たり1,258円である。平均客室料金を500円増加し，6,500,000円の営業利益をあげるとすると，1年間の客室数は問（2）の数よりどれだけ少なくてすむか。（単位：円）

解　答

（1）現在の売上高：$90 \times 6{,}000 \times 0.75 \times 365 = 147{,}825{,}000$
　　損益分岐売上高：
　　$45{,}500{,}000 / [1-(31{,}000{,}000/147{,}825{,}000)] = 45{,}500{,}000/(1-20.97\%)$
　　　　　　　　　　　　　　　　　　　　　　　　$= 45{,}500{,}000/79.03\%$
　　　　　　　　　　　　　　　　　　　　　　　　$= 57{,}573{,}074$

（2）必要な売上高：
　　$(45{,}500{,}000+6{,}500{,}000)/79.03\% = 52{,}000{,}000/79.03\%$
　　　　　　　　　　　　　　　　　　　　　$= 65{,}797{,}798$
　　提供客室数：$65{,}797{,}798/6{,}000 = 10{,}966$

（3）必要な客室数：$52{,}000{,}000/(6{,}500-1{,}258) = 9{,}920$
　　問（2）において提供された客室数は10,966室であるから，1,046室が減少する。

第8章 原 価 管 理

　資本利益率を最大化するためには，売上高利益率および資本回転率を高める必要がある。売上高利益率は利益／売上高＝（売上高－原価）／売上高つまり1－（原価／売上高）となるから，売上高利益率を高めるためには，売上高を増やすか売上高に貢献する原価を下げる必要がある。原価管理は，この意味において重要である。

① 標準原価管理

　原価管理には，標準原価管理と計画原価管理がある。前者は主に製造現場においてある種の標準原価を設定しそれを活動の結果を示す実際と比較して，その差異を把握するとともに分析を行って差異発生の原因を明らかにする。その原因がつかめれば，是正措置を講ずることになる。その手続きは次のようになる。

① 原価標準の設定
② 原価標準の示達
③ 実際原価の把握
④ 標準原価と実際原価の比較
⑤ 差異発生の原因分析
⑥ 是正措置

　計画原価管理は，通常予算原価管理となるので，予算管理のところで論じるであろう。ホスピタリティ・ビジネスではレストランのメニューの原価に標準原価を用いることがあるので，ここでは標準原価の簡単なモデルを取り上げることにする。

1. 原価標準の設定

(1) 原価標準は，通常，製品や材料などの原価を単位ごとに算定する。原価標準を設定するさいには二つの視点に注目すべきである。その一つは，基準標準原価と当座標準原価とに分類されることである。標準原価は，本来製造現場における科学的・統計的調査に基づいて算定された能率尺度となるべき原価であるから，生産の物量的標準に変化がなければ改定されることがない。その意味で，基準標準原価が妥当な面を有するのであるが，生産工程上の設備の更新や投入資源の品質の大幅な変化が頻繁にみられる状況のもとでは，当座標準原価に頼らざるを得なくなる。

当座標準原価は，現状に近づけるように時々改定される標準原価で，その場合に物量標準と価格標準（材料価格や賃率）とも改定され，一定期間の原価目標として役立てられるものである。当座標準原価は，比較的短期の現実的原価管理目的に有効であることが求められることから，現実的標準原価を賦することが多いが，実務では基準標準原価に修正勘定を当てはめて算定することもしばしば行われてきた。

原価標準の改定作業は，標準原価を現実に合わせるために行われる。したがって，標準原価を用いて製品価格を決定する場合には，業績管理の観点から業務部門の管理者がそれに参加することもしばしばみられる。

(2) 標準原価は，標準の厳格度に応じて，理想的標準原価，現実的標準原価と正常標準原価に分類される。

理想的標準原価は，技術的に達成可能な最大操業度を前提にし，通常発生する仕損，減損などや余裕時間を全く許容しない最も厳格な標準原価である。したがって，原価管理目的からは不適当な標準原価とされる。現実的標準原価は，良好な能率のもとにおいて達成可能な原価を意味するもので，通常の発生が予想される仕損，減損や余裕時間などを含む原価である。内外の諸条件の変化に伴い改定される標準原価であるので，原価管理目的のためには相応しいという理由で採用される。正常標準原価は，経営上の異常な状態を排除した過去の比較的長期にわたる原価の平均値を計算し，これに趨勢を加味して正常値を算定してこれにより決定する標準原価である。統計的手法により算定される標準原価であるので，内外の環境が安定的に推移していく状況の中で有効性を持

つ。
(3) 原価標準の設定
製品1単位当たりの原価標準は，以下のようにして求められる。
① 標準直接材料費＝標準材料消費量×標準価格
② 標準直接労務費＝標準直接作業時間×標準賃率
③ 製造間接費に関しては，2段階の計算が必要になる。
　　標準配賦率＝製造間接費予算÷基準操業度（直接作業時間，生産量など）
　　標準製造間接費＝予定標準配賦基準数値×標準配賦率
(4) 原価標準の示達と実際原価の把握
原価標準は，標準原価カードに記載され各部署に示される。その後，実際原価と生産実績に対する標準原価を算定する。標準原価は，次のように計算される。

　　標準直接材料費＝標準材料価格×当期投入数量
　　　（当期投入数量＝完成品数量＋期末仕掛品数量－期首仕掛品数量）
　　標準直接労務費＝標準賃率×当期完成品換算量
　　標準製造間接費＝標準製造間接費×当期完成品換算量
　　　（当期完成品換算量＝完成品数量＋期末完成品換算量－期首完成品換算量）

実際原価は，次のように計算される。

　　実際直接材料費＝実際材料価格×実際材料消費量
　　実際直接労務費＝実際賃率×実際直接作業時間
　　実際製造間接費＝製造間接費の実際発生額

(5) 原価差異の分析

　　　①直接材料費差異＝標準直接材料費－実際直接材料費
　　　　　　　　　　　＝価格差異＋数量差異
　　　　価格差異＝（標準価格－実際価格）×実際消費量
　　　　数量差異＝標準価格×（標準消費量－実際消費量）

これを図示すると，図表8-1のようになる。

図表8-1　直接材料費差異分析

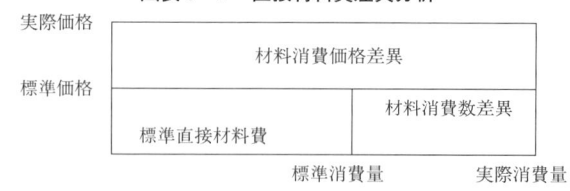

実際価格	材料消費価格差異	
標準価格	標準直接材料費	材料消費数差異
	標準消費量	実際消費量

価格差異の原因には，市価の変動や不適切な購買方法などがある。数量差異には，作業の仕様の変更，機械の整備不良，作業上の間違いなどがある。

　②直接労務費差異＝標準直接労務費－実際直接労務費
　　　　　　　　　＝賃率差異＋作業時間差異
　　賃率差異＝(標準賃率－実際賃率)×実際直接作業時間
　　作業時間差異＝標準賃率×(標準直接作業時間－実際直接作業時間)

これを図示すると，図表8-2のようになる。

図表8-2　直接労務費差異分析

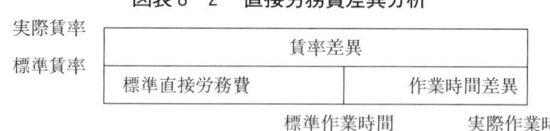

実際賃率	賃率差異	
標準賃率	標準直接労務費	作業時間差異
	標準作業時間	実際作業時間

賃率差異の原因には，ベースアップ，賃率の異なる直接工の交代，適性を欠く工員の配置などがある。作業時間差異の原因には，機械設備の整備不良，監督員や直接工の不注意・怠慢などがある。

　　・製造間接費差異＝標準製造間接費－実際製造間接費

製造間接費差異分析の方法として，固定予算による場合と変動予算による場合とがある。変動予算は，統制目的から一層有効であるとされているので，ここでは変動予算方式による差異分析について述べることにする。変動予算の作成方法には，実査法と公式法とがあることは上述のとおりであるが，実践面では公式法が多く使われている。この場合，変動予算の公式は，$y=a+bx$ の算式であらわされる。また，公式法による差異分析法にも二分法と三分法とがある。ここでは，原価管理の面からより有効であるとされる三分法について論ずることにする。

〈三分法による差異分析〉

　三分法によれば標準製造間接費（標準間接費配賦額）は，以下のように分解さ

れる。

　　　製造間接費差異＝標準製造間接費－実際製造間接費
　　　　　　　　　　＝予算差異＋能率差異＋操業度差異
　　予算差異＝実際時間に対する予算額－実際発生額
　　能率差異＝標準時間に対する予算額－実際時間に対する予算
　　　　　　＝(標準時間－実際時間)×変動費率
　　操業度差異＝標準間接費配賦額－標準時間に対する予算額
　　　　　　　＝(標準時間－基準操業時間)×固定費率

これを図示すると，図表8-3のようになる。

予算差異は，実際時間(x)のときの予算額(y)から実績を控除して求める。したがって，差異発生の原因には間接資材の価格差異や賃率の異なる間接労働者の入れ替えなどがある。

能率差異は，標準時間と実際時間との時間差異であり，実際時間が標準時間よりも少なければ有利差異を示す。不利差異の原因には，機械設備の整備不良や現業部門監督者の不注意などがある。

操業度差異は，標準時間と基準操業時間との差から生ずる配賦差額をあらわす。不利差異発生の原因として，売上高の減少や予定生産数量の未達成などが考えられる。不利差異は，標準時間が基準操業時間を下回るときに生ずるので，固定費の回収が遅れることを意味する。

以上，原価差異の分析を説明してきたが，差異は，下部構造でのその発生原

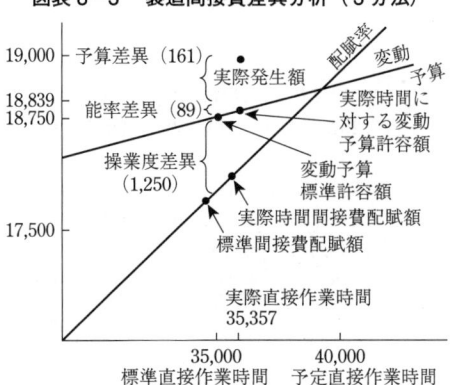

図表8-3　製造間接費差異分析（3分法）

因が何であるかを把握するための調査領域を示している。原価差異数値は会計データであって、管理はそれをツールとして活用することができるからである。たとえば、製造現場が能率を上げるために必要以上に稼働率を高めて有利差異とすれば、過剰在庫を発生させることにもなる。そのことは、個別の原価差異の数値のみに依拠して管理を遂行すれば原価計算の信頼性を失わせることにもなることを示唆している。差異の数値は、組織目標に効果的に到達するために不可欠で極めて重要なデータであるけれども、組織コントロールのために必要なデータであると認識する必要がある。原価差異データは、意思決定のためにも活用されるが、そのさいに組織目標と結び付けて利用することが望まれる。

2 差異報告書

ホスピタリティ産業の場合、差異分析は通常予算統制のなかで実施されるので、上で述べてきた標準原価が予算原価に改められるだけでなく分析方法もより単純化されるであろう。予算統制では、差異を分析するだけでなくそのデータを報告書に記載し上司に提出する必要がある。ここでは、宿泊部門と料理部門を持つホテルの例を取り上げて説明することにする。

図表8-4 予算報告書（2011年4月） （単位：円）
宿泊部門

科目	予算	実績	差異	予算比(%)
売上高	31,500,500	32,101,800	601,300	1.9
人件費				
フロント	1,512,550	1,823,400	(310,850)	(20.6)
客室管理	1,724,540	1,856,220	(131,680)	(7.6)
合計	3,237,090	3,679,620	(442,530)	(13.7)
その他費用				
フロント	734,438	837,321	(102,883)	(14.0)
客室管理	412,876	694,450	(281,574)	(68.2)
合計	1,147,314	1,531,771	(384,457)	(33.5)
部門利益	27,116,096	26,890,409	(225,687)	(0.8)

料理部門

売上高				
食事	13,278,230	12,986,660	(291,570)	(2.2)
飲料	2,113,651	2,319,213	205,562	9.7
その他収益	192,150	200,567	8,417	4.4
合計	15,584,031	15,506,440	(77,591)	(0.5)
売上原価				
食事	4,643,410	3,964,210	679,200	14.6
飲料	1,214,561	1,342,998	(128,437)	(10.6)
合計	5,857,971	5,307,208	550,763	9.4
人件費	6,873,210	6,987,290	(114,080)	(1.7)
その他費用	1,123,211	1,976,832	(853,621)	(76.0)
部門利益	1,729,639	1,235,110	(494,529)	(28.6)

なお，報告書での差異は，金額とパーセントで表示してあるが，予算統制ではパーセントが重要な役割を果たすので，通常はこのような様式になる。また，報告書では以上の予算・実績差異のほかに前期比を同時に示すことがある。たとえば，図表 8 – 5 のようにである。

図表 8 – 5　サルビア・ホテル売上高報告書（2011 年 5 月）　　（単位：千円）

客室	予算	実績	予算差異	予算比	前年実績	前年差異	前年比
				(%)			(%)
シングル	1,000	1,080	80	8.0	990	90	9.1
ダブル	600	580	(20)	(3.3)	590	(10)	(1.7)
合計	1,600	1,660	60	3.8	1,580	80	5.1
料理および飲料							
洋食	350	360	10	2.9	350	10	2.9
コーヒーショップ	260	240	(20)	(7.7)	250	(10)	(4.0)
合計	610	600	(10)	(1.6)	600	0	0
その他							
電話	70	71	1	1.4	73	(2)	(2.7)
売店	140	150	10	7.1	145	5	3.4
合計	210	221	11	5.2	218	3	1.4
総売上高	2,420	2,481	61	2.5	2,398	83	3.5

上記図表では，予算・実績差異および実績の対前年差異が併記されている。このように差異データが複数になれば，差異分析の焦点が定まらなくなることが懸念される。実務においては，こうした様式の報告書が提示されることが多いのでその点に留意する必要がある。何を重視すべきかということになれば，

営業期間中においては予算・実績差異を重視すべきである。その場合，予算は十分な調整作業を経て期末までには達成すべき実行予算として作成されたものでなければならない。実績の対前年差異は予算を期中に修正する必要があるかどうかを判断するデータ，または次年度の予算編成に必要なデータとして利用することができるので，必要に応じて明示することになる。

第9章 アクティビティ・ベースト・コスティング (ABC)

1 ABCの意義

　既述のごとく，間接費は部門別または製品別に配賦しなければならない。配賦基準は，適切であることが望まれるが，経営管理目的から選択されることもあり，その場合に従業員の協力が得られるようなものなのかという選択基準の妥当性が問われることになる。配賦基準は，通常，操業度に基づいて決定されるので，上のように目的手段の関係のなかで採用されることもあるとすれば，間接費の配賦が製品原価を必ずしも正確に算定しえないという方法的問題を抱えることになる。こうした問題は，ABC では解消される。そのことは，たとえば，以下に示す両者の比較により理解することができるであろう。

図表9-1　製造間接費の配賦法比較

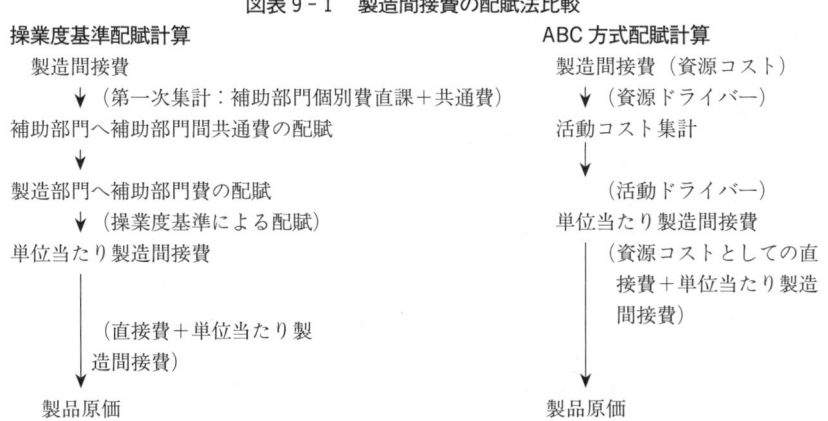

操業度基準配賦計算	ABC 方式配賦計算
製造間接費	製造間接費（資源コスト）
↓ （第一次集計：補助部門個別費直課＋共通費）	↓ （資源ドライバー）
補助部門へ補助部門間共通費の配賦	活動コスト集計
↓	↓
製造部門へ補助部門費の配賦	（活動ドライバー）
↓ （操業度基準による配賦）	単位当たり製造間接費
単位当たり製造間接費	（資源コストとしての直接費＋単位当たり製造間接費）
↓ （直接費＋単位当たり製造間接費）	↓
製品原価	製品原価

　ABC では，資源要素を基本的に直接費と間接費とに分けて認識し，前者を

プライムコストと呼ぶ。後者の間接費は，以下のような計算手続きが必要になる。まず，各活動センターが消費したさまざまな資源コストを集計してこれを活動コストとする。これら複数の活動コストを活動ドライバーと呼ばれる活動要素の消費量で除して活動要因レートをそれぞれに算定し，この活動要因レートに原価計算対象の消費量を乗じて部門コストを算定する。この部門コストの合計額を製造間接費配賦額として確定し，生産量でもって除して単位当たり製造間接費を算出する。最後に，プライムコストと合算して単位当たり製品原価を確定する。

2 ABCの計算構造

カフェテリアのABCに関して，Schneider and Sollenbergerの優れた計算モデルがあるので，それを取り上げ検討することにしたい[1]。

1．ABCモデルのデータ

カフェテリア・グットマンは，営業日には朝，昼，夕に定食を提供している。会社は，2つの業務部門と4つの補助部門からなる。4月期のデータは以下のようになっている。（単位：百円）

① 4月期の販売量

	朝食	昼食	夕食
定食	12,000食	8,500	7,000

② ABCのためのデータ

活動センターのデータ

活動センター	材料費	労務費	その他費用	コスト・ドライバー
業務部門：				
調理	10,000	7,000	12,000	調理時間
サービス	8,000	13,000	9,000	サービス用務時間

(1) A. Schneider and H. M. Sollenberger, *Managerial Accounting : Manufacturing and Service Applications* (Thomson, 2006) pp. 223-226.

補助部門:
保全管理	40,000	使用面積
データ処理	20,000	取扱量
人事	8,000	給料支払額
調達管理	9,000	材料費
合計 18,000 20,000	98,000	

材料費と労務費は,直接費であり3回の定食に直接跡づけできる。そのデータは,以下のようである。

直接費の集計

		材料費	労務費
朝食:	調理	600	1,000
	サービス	2,000	2,000
昼食:	調理	4,000	2,000
	サービス	1,400	5,000
夕食:	調理	6,000	4,000
	サービス	4,000	6,000
合計		18,000	20,000

業務部門のコスト・ドライバーのデータ

活動センター	コスト・ドライバー	朝食	昼食	夕食
調理	調理時間	1,000h	1,480	3,000
サービス	サービス用務時間	1,600h	1,000	1,000

補助部門のコスト・ドライバーのデータ

活動センター	コスト・ドライバー	調理	サービス
保全管理	使用面積	50,000 m²	30,000 m²
データ処理	取扱量	10,000 件	10,000 件
人事	給料支払額	7,000	13,000
調達管理	材料費	10,000	8,000

2. ABCの計算プロセス

活動センターは,管理者が原価集計単位として決定した組織のセグメントをあらわす。また,コスト・ドライバーは,原価を発生させる要因となる活動や出来事をあらわす。

補助部門のコスト・ドライバー・レートの計算

活動センター	計算		コスト・レート
保全管理	40,000／(50,000＋30,000)	＝	0.50
データ処理	20,000／(10,000＋10,000)	＝	1.0
人事	8,000／(7,000＋13,000)	＝	40％
調達管理	9,000／(10,000＋8,000)	＝	50％

以上のコスト・レートを用いて，補助部門費を業務部門に割り当てることができる。

調理部門	サービス部門
0.50×50,000＝25,000	0.50×30,000＝15,000
1.0×10,000＝10,000	1.0×10,000＝10,000
0.40×7,000＝ 2,800	0.40×13,000＝ 5,200
0.50×10,000＝ 5,000	0.50×8,000＝ 4,000
合計　　42,800	34,200

業務部門への間接費の配分レートは以下のようになる。

活動センター	計算	間接費の配分レート
調理	(12,000＋42,800)／(1,000＋1,480＋3,000)	10.00（時間当たり）
サービス	(9,000＋34,200)／(1,600＋1,000＋1,000)	12.00（時間当たり）

以上の配分レートを用いて，各食への間接費の割当額を計算すると以下のようになる。

朝食： 10.00(×1,000)＋12.00(×1,600)＝29,200
昼食： 10.00(×1,480)＋12.00(×1,000)＝26,800
夕食： 10.00(×3,000)＋12.00(×1,000)＝42,000

これまでの計算結果から，各食の総コストとそれぞれの単価を算定すれば，つぎのようになる。

朝食・昼食・夕食の総コストと単価

費目	朝食	昼食	夕食
材料費	2,600	5,400	10,000
労務費	3,000	7,000	10,000
間接費	29,200	26,800	42,000
総コスト	34,800	39,200	62,000
単価	34,800／12,000 ＝2.90	39,200／8,500 ＝4.61	62,000／7,000 ＝8.86

3．伝統的な原価計算との比較

	総コスト	朝食	昼食	夕食
直接材料費	18,000	2,600	5,400	10,000
直接労務費	20,000	3,000	7,000	10,000
間接費	98,000	14,700	34,300	49,000
総コスト	136,000	20,300	46,700	69,000
売上数量		12,000	8,500	7,000
伝統的な単位コスト（a）		1.69	5.49	9.86
ABCによる単位コスト（b）		2.90	4.61	8.86
差異：				
(a)−(b)		(1.21)	0.88	1.00
ABCコストの％		(41.7％)	19.1％	11.3％

　伝統的な方法に基づく間接費の配賦は，間接費の合計額98,000を直接労務費合計20,000で除して得た配賦率490％で各食に割り当てている。すなわち，配賦基準に直接労務費を採用し，直接労務費1単位当たり4.9円（=98,000／20,000）でもって各食へ配賦している。各食への間接費の配賦は以下のようになる。

朝食： 3,000×490％=14,700
昼食： 7,000×490％=34,300
夕食：10,000×490％=49,000
　　　合　計　　98,000

　ABCシステムは，より精確なコスト計算システムであるといわれている。外食産業においては，期末の売上高総利益だけでなく，個々のメニューに対する顧客の選択の頻度と現金総利益も重要である。メニューエンジニアリングの技法は，この目的のために開発されたものであるので，少なくとも週ごとに適用・実施されることが望ましい。そこで，ABCをシステム化できればセールスミックスやメニュー名変更など多彩な戦術展開が可能になるであろう。メニューエンジニアリングの目的は，基本的には価格設定になるので，各メニューの人気度と利益性を考慮に入れながら価格を常時評定していくことにある。上記の計算例では，昼食と夕食の単価はカフェテリア・グットマンの管理者が考えていたよりもかなりの利益を含み，これに対して朝食を低すぎる価格で提供していた可能性が指摘できる。ABCシステムによれば，朝食の価格の引き上げが求められるであろう。

3 ABM

　ABCは，活動分析と活動ごとのコスト集計を行うので，集計単位の細分化が行い易くなるという特徴を持つ。そのことは，管理の効果を高めるだけでなく，業績測定と結びつけることで活動単位の管理を行えるようにする。こうしたABCを活用する管理は，活動基準管理（ABM）と呼ばれ，継続的な改良を蓄積して行くためのカイゼン原価管理やマーケットリサーチに基づく原価企画とともに，原価削減の効果が期待できるところから多くの企業によって採用されている。

　ABMは，ABCシステムを発展させたものであるから，非財務的尺度の利用と活動分析の展開を可能にし，それを浪費発生の予防に役立たせることができる。このように，ABMの基礎を与えているABCシステムは，こうした予防行為のほかに評価，内部失敗，および外部失敗という品質原価を測定し報告することを可能にするので品質管理にも貢献しうるといえる[2]。以下では，ABMの武器となる非財務的尺度の有効性について述べることにしよう。

　ところで，非財務的尺度と結びつく活動分析は，スループット時間の測定に役立てられる。スループット時間は，加工時間，検査時間，移動時間（原材料を受け取る活動に要した時間のほかに，仕掛品および製品を現場内で移動させるのに要した時間を含む。），待ち時間（次工程へ移るまでに要した時間），それに保管・貯蔵時間の総計，いわゆる生産開始時から船積みまでの全時間を意味する。この時間は，生産的加工時間に非付加価値時間（nonvalue-added activities）を加えたものに等しい。生産的加工時間は，非能率や非生産的活動を非付加価値時間とみて，これらを排除した時間である。それ故に，非付加価値時間は，浪費的努力の時間を意味することから組織のアドバンテッジを失わせることにもなるので，管理統制の対象とされることになる。そのために通常ではスループット回転率が指標として利用される。

　スループット回転率には，高コストの活動の特定化を可能にするABCの特

（2）　*Ibid*., p. 595.

徴を生かすことができるという利点がある。これは，生産的加工時間／スループット時間の比率として示される。通常の生産組織においてこの比率は100％を下回るのでこの比率を改善するためにはリストラを必要とするであろう。あらゆる生産工程で原材料や部品の在庫をゼロあるいは最小限に抑えることを可能にする JIT システムは，この指標と関連している[3]。

ところで，非財務的尺度の貢献はこれに尽きない。この尺度を用いた労働生産性の指標は，今日の企業が抱える問題を解決するのに役立つであろう。

労働生産性＝付加価値直接作業時間／（総直接作業時間＋間接労働時間）

付加価値直接作業は，生産の最終工程に至るまでの直接作業または顧客対応のサービスのことである。非付加価値直接作業は，移動，検査，保管，試験，顧客価値を創造しない製品処理などを含み，付加価値直接作業時間とともに総直接作業時間を構成する。間接労働は，直接作業以外の労働で監督，修繕，検査，管理，購買，記録，相談など，直接作業労働者をサポートする労働を含む。この間接労働も非付加価値作業とみなされる。この指標を算出する一つの目的は，非付加価値作業に関わっている労働者を削減することにある[4]。しかし，定量分析のみに依存して労働者を削減することの是非もあり，この点についての検討が必要になる。品質管理のところで触れているので参照されたい。

4 制 約 理 論

制約理論の管理思考は，生産のスピードを維持するために障害となるボトルネックを無くすことにある。設備の生産能力を制限する障害がボトルネックというものであるから，ボトルネックとなる設備とそうでない設備とを区分し，ボトルネックの設備の稼働を100％フル稼働にまで高める努力目標が求められる。そのための非財務的尺度として，設備の修繕時間や予定外の稼働率の低下などの尺度が必要になる。この理論は，スループット会計の基礎を提供している。

---

(3)　*Ibid*., p. 588.
(4)　*Ibid*., p. 588.

5　活動基準予算管理（ABB）

　ABBは，ABCに基づいて作成される予算による管理のことであり，ABCデータと活動分析に基づいた予算作成プロセスを含むことから，企業の伝統的な総合管理の手段である固定型の企業予算による管理とは異なっている。ABBでは組織の構成要素を活動単位に細分化し，それらを物量尺度で表現してから貨幣価値計算によって総合化するのに対し，本来の企業予算は，部門別に価値計算を行うので，運用効果の面ではABBより劣るであろう。

　ABBは，予算を伝統的な予算計画・予算統制の手順を踏まえて作成するものの，そこにABCデータである資源コスト，活動コストや原価計算対象の各レベルでの予算情報を組み込んでそれらをベースにして管理することから，これまでの予算管理よりも諸活動領域の可視化を可能にするので，組織成員の参加を得やすくするというメリットがある。とくに，原価発生要因である各種のドライバーに対する管理は，自由裁量原価（マネジドコストともいう。）に対するコントロールを強化することになるであろう。それ故に，企業内従業員の構成および産業の面においてもサービス化が著しく進展している構造をもつ諸国においては，ABBの採用が期待されることになる。ホスピタリティ産業でのABBの導入は，組織成員にABBへの理解を深める努力と運用を適切に行えば，コントロールと動機付けの効果を高めることになるであろう。以下に，活動基準予算の簡素な作成法を示すことにする。

活動センター	間接費	コスト・ドライバー	活動センター・レート
調達管理	2,000	kg	0.10／kg
洗い・切断	10,000	成型数	40.00／成型
加工	32,000	直接作業時間	2.00／時間
保存	12,000	機械運転時間	1.00／時間

　以上のABCに関するデータに基づいて，各コスト・ドライバーの消費量予算を計算すると以下のようになる。

　　　調達管理　　　2,000÷0.10＝20,000 kg
　　　洗い・切断　　10,000÷40.00＝250 個
　　　加工　　　　　32,000÷2.00＝16,000 時間

保存　　　　　12,000÷1.00＝12,000 時間

　予算額は，上の各消費量予算に予算コスト・レートを乗じて算定することになる。

　以上でみてきたように，ABM の管理思考は，ABC システムの基礎をつくる活動センターの諸活動（activities）を原価管理や業績管理のために役立たせることにある。

　ABC システムは，コスト・ドライバー消費量のような尺度，つまり歩留率，一人当たり生産量，顧客から寄せられる苦情件数等の非財務的尺度を用いた諸活動の業績評価だけでなく，革新的な管理技法，たとえば目標原価計算，カイゼン，エンパワーメント等を組織の活動領域に取り込んで運用することを可能にするといわれる。こうした ABC システムを利用することで ABM は，組織における諸活動の改善に貢献するし，無駄の排除をも可能にするのである。無駄な活動を削減できれば企業収益が増大することを JIT システムが示したように，企業内外の要因によらない正常な経済状況のもとで諸活動を削減できれば，能率の向上と収益の改善をもたらすことになるのである。そのことは，ABM がより精度の高い原価管理や業績管理を実現させうることを意味する。

6　その他の原価管理

1．品　質　原　価

　能率および効率をあらわす非財務的尺度は，活動単位としての原価発生活動領域に適用すれば，品質管理にも有効であることが証明されている。以下では，この点について説明することになる。

　品質を改善する努力が原価を下げることになるのかというテーマについて，ここで論じることになる。品質原価は，次のように四つに区分される。

　予防原価：これは，規格を満たさない製品の生産や不適合なサービスの提供を防ぐために生じる。これには，教育訓練費，設計・工程改善費，品質管理学習会費，浪費抑制設備投資支出等がある。

　評価原価：これは，生産の監視と検査のために生じる。受入原材料検査費，生産工程検査費，完成品検査費，品質検査費，点検費等がある。

内部失敗原価：これは，製品やサービスが顧客に渡る前に規格外であることまたは欠陥のあることが発見されたことにより生じる。手直し作業費，生産中断費，仕損品の処分費，減速，過剰在庫等がある。

外部失敗原価：これは，顧客に欠陥のある製品やサービスが渡ることで生じる。商品補修費，品質保証費，返品処分費，苦情受付部門費，引取費等がある。

これらの原価は，これまでは伝統的な方法で区分された原価に埋め込まれていたものであるが，品質管理の視点からは，上記のように区分する必要がある。このように区分された品質原価には一定の相互関係がみられ，なかでも重要なことは，予防原価と評価原価が内部失敗原価・外部失敗原価とはトレードオフの関係にあると考えてられていることである。この関係は，以下の図表9－2で理解することができる。

水平軸は，欠陥率または品質保証レベルの増減変化をあらわす。縦軸は，金額をあらわす。予防・評価原価曲線と失敗原価曲線とを描けば，この両曲線を

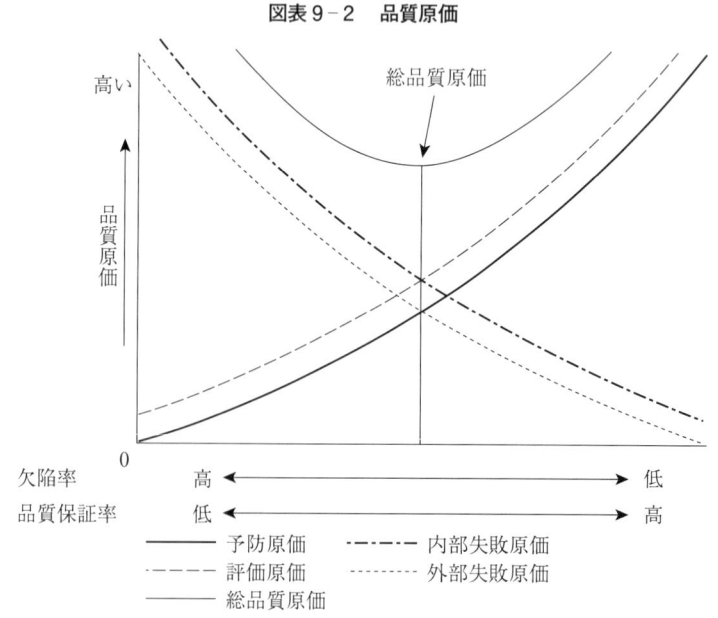

図表9－2　品質原価

出所：A. Schneider and H. M.Sollenberger（2006）P. 579.

合成することで鍋底型の総品質原価曲線が得られる。みられるように、最適品質原価水準が描かれているので、最適予防・評価支出等の水準をつかむことができる。だが、こうした支出水準の決定は、最適値を正確に測定できない場合の対応をどうするかという問題があるし、また品質のレベルをある程度抑えることを意味する。換言すれば、これらの曲線は、品質保証のどのレベルからも原価関数をつかむことができることや品質原価が相互対称の関係にあることなどを前提として描かれているため、原価見積りが難しいことや、予防・評価原価と失敗原価とのバランスを重視していることなどの点において問題があるとの指摘がある。したがって、図表にあらわす諸関係は、このような問題点を踏まえて把握すべきである。

ところで、品質原価管理を上記の静態的な分析にのみ依拠して行えば、品質原価間の相互関係を適切に把握できなくなる恐れがある状況のなかで行われることにもなるので、時間の概念を取り入れた分析が必要になるとの主張がある。これによると、たとえばSchneider and Sollenbergerが述べるように、従業員に対する訓練費の支出（予防原価）は、将来発生が予想される欠陥率の低減化（失敗原価）をもたらす投資にあたるとするものである。高度に訓練された労働力は、将来の不良品の発生や検査の必要を少なくするのに貢献するからである。

以下では、静態的なモデルと時間概念を取り入れたモデルとを両教授のモデルに基づいて示すことにする[5]。

図表9-3　最適品質原価

（＄：1,000、単位：1,000個）

失敗率	予防原価	評価原価	手直し原価 単位	原価	貢献利益減 単位	原価	総品質原価
5.00 %	$100	$100	$8×5.0	$40	$30×2.0	$60	$300
3.50	120	80	8×3.5	28	30×1.4	42	270
2.25	140	65	8×2.25	18	30×0.9	27	250
1.25	160	55	8×1.25	10	30×0.5	15	240
0.50	190	50	8×0.5	4	30×0.2	6	250
0.10	240	48	8×0.1	0.80	30×0.4	1.20	290

生産量：100,000個
出所：A. Schneider and H. M. Sollenberger (2006) p. 580.

---

(5) *Ibid.*, pp. 580-582.

上記のモデルは，100,000個の生産を予定し失敗率，予防原価，評価原価を6段階に分けてそれぞれに見積りを示している。この計算は，次のような要領に基づいている。

① 1個につき10ドルの貢献利益を生む商品に対して外部失敗が1回発生すると，3個の割合で将来の売上を減少させるケースをあらわしている。
② 失敗率は，内部が60％，外部が40％としてある。
③ すべての失敗は，1個について8ドルの手直し原価を発生させる。したがって，一行目の失敗率が5％の場合には，手直し数量が5,000個（＝100,000個×5％）となるので手直しに要する原価の見積りが1個8ドルであるので，手直し原価の総額は40,000ドルになる。
④ 1個の外部失敗に対し10ドルの貢献利益商品が3個失われるので貢献利益の減少が30ドルになる。総失敗に占める外部失敗の割合を40％としているので，外部失敗が2,000個（＝5,000個×40％）となるので60,000ドルの失敗原価となる。
⑤ 手直し原価における数量単位は，100,000個×失敗率5％＝5,000個，貢献利益減における数量単位は，5,000個×外部失敗率40％＝2,000個という計算になる。

このケースでは，4行目の240,000ドルが最適総品質原価となるので，失敗率と評価原価を低めに，予防原価を160,000ドルと高めに設定することになる。

今日のグローバルな品質競争は，継続的な品質の改善を必要としている。このような状況のもとでは，上記のような計算手続きを少なくとも継起的に行う必要がある。一例をあげれば，以下のようになる。

図表9-4　品質原価の時系列的データ（A社）

（＄：1,000,000）

品質原価／	2002 原価	構成比	2004 原価	構成比	2006 原価	構成比	2008 原価	構成比	2010(目標) 原価	構成比
予　　防	$2.5	14.7％	$3.5	19.3％	$5.9	36.2％	$5.7	40.7％	$4.5	$45.5
評　　価	6.0	35.3	6.8	37.6	4.8	29.4	3.9	27.9	2.9	29.3
内部失敗	6.2	36.5	5.6	30.9	4.4	27.0	3.6	25.7	2.1	21.2
外部失敗	2.3	13.5	2.2	12.2	1.2	7.4	0.8	5.7	0.4	4.0
総原価	$17.0	100.0％	$18.1	100.0％	$16.3	100.0％	$14.0	100.0％	$9.9	100.0％

売上高					
品質原価率	18.0％	15.8％	11.7％	8.3％	4.9％

出所：A. Schneider and H. M. Sollenberger (2006) p. 581.

　図表9-4の計算例では，売上高が年度ごとに約10％増加しているという前提がある。2002年のTQM開始後，総品質原価のなかで予防原価率が年々大幅に増えているのに対し，その他の原価はむしろ漸減の傾向にあり，外部失敗原価のように大きく減少しているものもある。見方によっては，訓練プログラムが実施されていることの結果ともいえる。その結果，売上高品質原価率が順調に低下している。この過去の努力を踏まえて，2010年は一段と厳しい目標を掲げて達成に向けて努力することにしていることが分かる。

　これまで取り上げてきたデータは，製造業をモデルにしたものであるが，企業のサービス部門やホスピタリティ産業においても品質原価のトレードオフの関係が存在する。顧客との接点を重視しなければならない企業の場合，顧客対応の改善や接客・接遇の失敗などの原価測定は重要である。また，原価を無視した高質の接客は採算割れとなることもあるので，多くの場合，困難な財務的測定にもかかわらず顧客満足を測定している。ABCは，この問題の解決に貢献しうるであろう。

　継続的な改善を目指す品質原価計算は，「クレイムから改善点を探す」とか「成果とともに学習スキル」を重視する企業が増加している現状において，時宜を得た斬新な技法といえる。

2．原価企画 (Target Costing)

　新製品の製造過程で発生する原価の多くが当該製品のデザインと開発・設計の初期段階で決定するといわれている。にもかかわらず，これまでの原価管理は，決定済みの製品の原価に希望利益を加えて製品価格を決定し，そのもとでの製造・営業活動を進めるなかで，とりわけ製品製造過程に集中させてきた。原価企画は，新製品の構想・設計と開発の初期段階において原価を管理するために導入された技法であり，このような対応を源流管理と呼ぶ。このアプローチでの原価は，目標価格－目標利益として計算される。伝統的な計算システムとの違いを簡潔に示すと図表9-5のようになる。

図表9-5　伝統的アプローチと原価企画

伝統的なアプローチ	原価企画アプローチ
製品の構想・設計	目標販売価格の設定
↓	↓
原価の決定	目標利益額の控除
↓	↓
希望利益額の加算	許容原価の算定
↓	↓
目標販売価格の設定	許容原価に基づく製品構想・設計

出所：A. Schneider and H. M. Sollenberger (2006) p. 584.

　原価企画アプローチでは，マーケティング・リサーチに基づいて顧客価値とその動向を分析したうえで製品の生産計画を立て併せて販売価格を設定する。次に，この価格から目標利益を控除して許容原価を得る。この許容原価は，材料費，加工費，その他各種の間接費などに分解する必要がある。最後にこれらの各種の要素原価に相応しい製品の構想・設計へと進めることになる。このプロセスは，こうした製品の原価や品質だけでなく納期までの諸要件を満たして製品化するまでの作業を含むので，「原価の作り込み」のほかに利益の確保を課題として進められる。

　生産ラインが継続的に稼働している場合，その生産様式のプロセスは製品の構想・設計・開発の結果によっては止まることがある。新製品の導入にはさまざまな要求が絡むからである。原価企画の展開はこの点を考慮すべきである。これに対し，原価改善は，こうした製品構想・設計と開発の段階に至るまでの過程において原価を縮減することを目的とするシステムであり，その改善プロセスを継続的に実施する点に特徴がある。この方式では通常，原価目標は前期の実績に基づいて設定されるので，年々前年度より厳しいものとなっていく。原価企画が製品の構想・設計と開発の活動と結びついているため革新的な原価改革となるのに対し，原価改善は，毎期継続的によりましな活動を累積していくことによって原価を削減していくやり方をする。この点において両者は異なっている[6]。

---

(6) *Ibid*., p. 585.

問題（1）

　ホテルの経営者は，これまで使用してきた設備が時々故障をするようになったため新設備に取り替えることを考えている。業者からの見積りに基づいて作成した三つの代替的投資案が揃っている。彼は，これらのモデルに基づいて意思決定することになる。いずれの投資案も耐用年数が5年である。時間価値を考慮しない原価計算アプローチに基づいて投資の経済性計算を行い，5年間にわたり最低のコストになるモデルを選びなさい。（単位：円）

	A案	B案	C案
設備投資コスト（耐用年数5年）	1,000,000	900,000	950,000
残存価値（税法上では廃止）	100,000	85,000	90,000
初年度に発生するコスト			
・取付けコスト	20,000	30,000	22,000
・試運転コスト	25,000	30,000	35,000
年間に発生するコスト			
・維持費	30,000	30,000	40,000
・消耗品費	30,000	32,000	33,000
・燃料費	25,000	33,000	25,000
・賃金コスト	1,600,000	1,600,000	1,600,000

解　答

	A案	B案	C案
第1年度のコスト			
設備投資コスト	1,000,000	900,000	950,000
取付けコスト	20,000	30,000	22,000
試運転コスト	25,000	30,000	35,000
合計	1,045,000	960,000	1,007,000
5年間の総コスト			
維持費（A案＝30,000×5）以下同様	150,000	150,000	200,000
消耗品費（A案＝30,000×5）以下同様	150,000	160,000	165,000
燃料費（A案＝25,000×5）以下同様	125,000	165,000	125,000
残存価値	(100,000)	(85,000)	(90,000)
合　計	325,000	390,000	400,000
総　計	1,370,000	1,350,000	1,407,000

　答えは，B案である。なお，賃金コストは，三つの投資案において同額と見積もられているので，経済性計算から除外している。また，初年度コストとして計算し

ている設備投資コストは，第1年度コストとして計上するのでなく5年間の総コストのなかで，減価償却費として計算してもよい。たとえば，A案の場合には，1,000,000－100,000＝900,000を減価償却費累計額として総コストのなかに計上する。

問題（2）

（1） Yホテルには，宿泊部門のほかにレストラン部門と宴会部門がある。現在それぞれの部門の貢献利益は以下のようになっている。（単位：円）

	宿泊	レストラン	宴会
売上高	44,010,000	26,310,000	21,900,000
直接費	38,000,000	22,000,000	20,100,000
貢献利益	6,010,000	4,310,000	1,800,000

（2） ホテル全体の間接費の費目と発生額は，以下のとおりである。

維持管理費および燃料・光熱費	1,600,000
保険料	610,000
支払利息	1,100,000
減価償却費	1,900,000
販売費	2,100,000
一般管理費	2,770,000
合　計	10,080,000

この間接費は，部門の占有面積割合に基づいて各部門に配賦している。各部門の占有面積は次の通りである。全体面積：5,400m²，客室：3,500m²，レストラン：1,100m²，宴会：800m² である。

（3） 宴会部門の現在の業績はあまり良くないが，1平方メートル当たり年間1,500円でリースにする契約の問い合わせがきている。しかし，この部門をリースにする場合，以下のような様々な変化があらわれると予想される。

① 間接費の減少額

・維持管理費および燃料・光熱費の節減額：11,000／月
・保険料の節減額：110,000／年
・支払利息：変わらない

6 その他の原価管理　147

- 減価償却費の節減額：720,000／年
- 販売費（広告費）の節減額：140,000／年
- 一般管理費の節減額：180,000／年

② 併設のレストラン部門における変化

- 売上高の減少：2,900,000／年
- 直接費の節減額：2,100,000／年

以上の資料に基づいて，リース契約の是非を検討しなさい。

解　答

（1）リースにした場合の間接費減少額

維持管理費および燃料・光熱費	132,000	(11,000×12)
保険料	110,000	
減価償却費	720,000	
販売費	140,000	
一般管理費	180,000	
合　計	1,282,000	

現在の宴会部門の間接費＝10,080,000×（800／5,400）
　　　　　　　　　　　＝1,493,333
リースにした場合の間接費＝1,493,333－1,282,000
　　　　　　　　　　　　＝211,333

間接費は現在の1,493,333から211,333に減少するであろう。

（2）現在の全体の営業利益は，以下のようになる。

宿泊部門	6,010,000
レストラン部門	4,310,000
宴会部門	1,800,000
貢献利益合計	12,120,000
差引：間接費合計	(10,080,000)
全体の営業利益	2,040,000

（3）リースにした場合の全体の営業利益は，以下のようになる。

	宿泊部門	レストラン部門	宴会部門	総　計
売上収益	44,010,000	23,410,000	1,200,000	68,620,000
直接費	38,000,000	19,900,000	0	57,900,000
間接費	6,533,334	2,053,333	211,333	8,798,000
総原価	44,533,334	21,953,333	211,333	66,698,000
営業利益（損失）	(523,334)	1,456,667	988,667	1,922,000

宴会部門をリースにした場合、全体の営業利益は 2,040,000 から 1,922,000 に減少するので、リースを推奨すべきでない。

問題（3）

A社の決算時における各勘定残高は、以下のとおりである。（単位：円）

製造間接費の予定配賦額	5,500,000 円
製造間接費の実際発生額	6,000,000
中間製品（予定）	290,000
製品（予定）	560,000
売上原価	8,400,000

上の資料に基づいて、次の設問に答えなさい。
（1） 中間製品、製品および売上原価への配賦差額の按分を計算しなさい。
（2） 上記の按分の仕訳を示しなさい。

解　答
（1）

	残　高		配賦差額の按分
中間製品	290,000	3 %	0.03×500,000＝ 15,000
製　品	560,000	6 %	0.06×500,000＝ 30,000
売上原価	8,400,000	91 %	0.91×500,000＝455,000
	9,250,000	100 %	500,000

＊配賦差額＝製造間接費の実際発生額 6,000,000 －製造間接費の予定配賦額 5,500,000＝500,000

（2）

	借方	貸方
製造間接費配賦額	6,000,000	
中間製品		15,000
製　品		30,000
売上原価		455,000
製造原価予定配賦額		5,500,000

問題（4）

次の資料は当該期間のデータを示している。この資料により単位当たり製

品製造原価を全部原価計算および直接原価計算によって求めなさい。(単位：円)

資料：直接材料費　　50,000,000
　　　直接労務費　　60,000,000
　　　変動製造間接費　25,000,000
　　　固定製造間接費　10,000,000
　　　生産量　　　　　50,000 個

解　答

全部原価計算		直接原価計算	
直接材料費	1,000	直接材料費	1,000
直接労務費	1,200	直接労務費	1,200
変動製造間接費	500	変動製造間接費	500
固定製造間接費	200	単位当たり製品原価	2,700
単位当たり製品原価	2,900		

直接原価計算には，固定費が含まれない。

＊一例のみ示せば，単位当たり直接材料費＝50,000,000 円÷50,000 個
　　　　　　　　　　　　　　　　　　＝1,000 となる。

問題（5）

B社は，活動基準原価計算（ABC）を採用している。次の資料により製品1個当たりの原価を計算しなさい。(単位：円)

（1）製造直接費に関するデータ

　　　直接材料費　1個当たり 100,000
　　　直接労務費　1個当たり 200,000
　　　生産量　　　30 個

（2）製造間接費に関するデータ

活　動	コストドライバー	活動センターレート	活動量
段取作業	回数	12,500	11 回
材料品質検査	種類	40,000	10 種類
材料引取作業	回数	10,000	11 回
製品品質検査	個数	30,000	30 個

出荷作業	トン	100,000	3トン
管理活動	直接作業時間	20,000	60時間

解　答

製造直接費
　直接材料費　　30個×100,000＝3,000,000
　直接労務費　　30個×200,000＝<u>6,000,000</u>
製造直接費合計　　　　　　　　　　　　　9,000,000
製造間接費
　段取作業　　　11回×12,500　　137,500
　材料品質検査　10×40,000　　　400,000
　材料引取作業　11×10,000　　　110,000
　製品品質検査　30×30,000　　　900,000
　出荷作業　　　3×100,000　　　300,000
　管理活動　　　60×20,000　　<u>1,200,000</u>
製造間接費合計　　　　　　　　　　　　　<u>3,047,500</u>
製造費用合計　　　　　　　　　　　　　　<u>12,047,500</u>
　1個当たりの原価＝12,047,500／30個
　　　　　　　　　＝401,583.33

第10章 価格決定――収益管理とボトムアップ・アプローチ

1 価格設定方法とその特徴

　価格決定において考慮すべき要因には様々なものがある。だが，これらのすべての要因を結びつけて価格を決定する有効な方法は今のところ存在しない。したがって，限られた要因を考慮に入れて決定する方法が通常採用される様式となるので，それらの方法はいずれも問題点を含むということになる。

　価格決定方法は，大きく三つのアプローチに分けることができる。その三つとは，価格／価値アプローチ，需要アプローチ，およびコストアプローチのことである。本書が推奨するボトムアップ方式とメニューエンジニアリングは，これらのうち利潤志向の需要アプローチの枠に入る技法である。前者の価格決定方法は，損益計算書の最下段に計上される利益を先取りしてこれを非変動費とみなして売上高を算定し，最終的に価格を決定する方式である。これは，損益計算の計算手順を逆さまにするような算定方法を採用するところから，ボトムアップ・アプローチとも呼ばれてもいる。Kotasによれば，ボトムアップ・アプローチは，全米のホテル産業だけでなくUKやヨーロッパ大陸にも普及している方法であり，この方法には利点があるとしている。また，Jagelsは，このボトムアップ・アプローチがホスピタリティ産業においては最も優れた価格決定方法であると説いている[1]。その主張と説明にはみるべきものがあり，本書ではその所説に沿うかたちで述べていくことにする。

　このアプローチのプロセスは，見積損益計算書の最下段に位置づけられる必

---

(1) M. G. Jagels (2007) p. 245.

要純利益を先取りする計算思考をベースに，そのうえでコストを計算し，最後に必要売上高を決定することによって必要純利益額を含めた価格を決定するのである。このアプローチは，純利益が経営のコストであるとみる点を特徴としている。これは，純利益を本来のコストではないがコストの一種とみなすので，株主やオーナーといった投資家が受け取る利益配分を支払利息と同等に扱う計算構造を示すことになる。

これまでの価格決定方法は，資本利益率（ROI）の獲得を目的とする管理思考，すなわち顧客が負担する金額に相当する適切な満足度を顧客に提供するとともに，必要があれば原価管理を行って利益を最大化するという思考に基づいて価格を設定するやり方であったといえる。こうした決定方法にも様々なものがあるが，なかでも比較的安易に価格決定ができることから多くの価格決定者によって利用されてきた方法がある。ここでははじめに，こうした決定方法について説明することにする。だが，これらの方法は長所よりもむしろ短所の方が目につくであろう[2]。

① 直感的方法：事業側が求める価格を顧客が納得する限り正しい価格であるとみなして決定する方法であり，極めて単純な価格決定法である。この方法の問題点は，価格と利益との結びつけが弱い点にある。

② 目の子算法：一定の売上原価率を維持するように商品価格を決定する方法である。たとえば，売上原価率を40％とすれば，商品価格は原価の2.5倍（100／40）として決定する。この方法は，当面する競争や目標利益への対応をほとんど考慮しないので，競争環境のもとでは妥当性を失う。

③ 試行錯誤的方法：利益目標を最大化しかつ安定化するような価格をみつけるまで，売上と利益の双方に効果があるように価格を上げたり下げたりしながら決定する方法である。この方法は，売上高と売上原価に影響を与える経済的競争関数を無視するという問題があるだけでなく，実際に行えば顧客に悪影響を与えることにもなる。

④ 価格削減法：売上原価を無視して競争価格以下に販売価格を下げること

---

[2] *Ibid*., pp. 245-248.

である。ディスカウントセールなどの販売促進策としてしばしば採用される方法であるが，設定価格が変動費以下になれば利益は減少するので，限界利益分析の技法などを援用して妥当な価格を設定するように心掛けるべきである。
⑤ 高価格設定法：競合者との違いを強調してより高い価格を設定する方法である。競合者との差別化には，たとえば，顧客に満足してもらえるようなレストランの雰囲気，メニューの質やボリューム，サービスなどを高めることを含む。
⑥ 競争的決定法：競合者の価格に合わせる方法である。この場合，顧客を増やすために立地や雰囲気などの非価格的要素で競争優位を確保しようとするであろう。この方法の問題点は，商品や流通コストの違いを考慮に入れないことである。
⑦ マークアップ法：各商品の価格決定に既知の売上原価率を適用する方法である。問題点は，最新の適正な売上原価率を使用しないことにある。

以上の価格決定法は，一定の前提に基づいていた。Kotasは，次の点を指摘している。上記のような実際のやり方は，①ホテルの規模が十分に大きい，②毎年平均して70％近い稼働率を確保できている，③他の部門，たとえば飲食，宴会，賃貸などからの収入が十分に得られる，という業務上の特長が存在するケースにおいて有効であったが，これらの前提のすべてが今日では普遍的なものでなくなっている。それ故に，上記のような方法は，適切な指針とはなり得ないということになる[3]。

② 価格決定戦略

上述の価格決定法には，収益管理の点で難のあるところがあるので，以下では，価格と利益とのバランスおよび収益性の改善を志向する価格決定技法について述べることにする。この方法での価格の決定は，戦略的な視点と戦術的な視点の双方からアプローチする必要がある。つまり，価格決定は，この両者の

---

(3) R. Kotas (1999) p. 119.

視点と結びつけて実施されなければならない。いま，Jagels のアプローチを示せば，以下のようになる[4]。

(1) 戦略的価格決定法は，長期の視点に立って競争市場の諸条件および需要・供給の関係を考慮に入れて価格を決定する。戦略目的には，次のカテゴリーがある。

① 売上高の最大化
② 収益性の最大化
③ オーナー利益の最大化
④ 新しい事業活動の成長
⑤ 活動中である事業のマーケットシェアの拡大・維持

たとえば，戦略目的には限られたマーケットのなかでシェアの支配を図るために売上高を最大化することもあれば，資本利益率を最大化する場合もあるが，価格はそれらの戦略目的に対して目的・手段的に決定されることがある。

(2) 戦略目的は長期的には変化することがあるので，価格決定戦略は企業の財務目標から展開する必要がある。

(3) 戦術的価格決定は，日常的な変化に備えるために策定された短期的価格決定方針に基づいて実施される。日常的に発生する可能性がある状況には，以下のものがある。

① 競合者が短期的に改変する価格政策の対抗手段
② 新しい競合者があらわれたことによる価格調整
③ 取引業者に示す割引価格の算定
④ コスト増を補充する価格の設定
⑤ 構造物の修繕費を賄うための価格設定
⑥ 新しい市場分野に進出するための価格調整
⑦ シーズンオフにおける顧客囲い込みに必要な割引価格の設定
⑧ 販売促進のための特別価格を提示する時期の把握

(4) 価格は，売上高をコントロールするので，結果的に固定費の回収と純利益の創造に貢献するのである。このように，価格決定は，経営活動の財

---

(4) M. G. Jagels (2007) pp. 247-248.

務成果に影響をおよぼすことから，極めて重要な意思決定活動となる。

　価格を戦略的または戦術的に決定する活動は，長期計画と短期利益目標との調整を必要とするが，長期計画に代えて経営者が必要に応じてガイドラインを示すこともある。ボトムアップ・アプローチは，利益と費用を先取りする計算思考をとることから，損益分岐分析を操作可能にするので，それの有効活用を図ることができる。

　この価格決定法の手続きは，基本的に次の三つのステップからなる。
① 目標利益を決定する。
② 次年度の業務コストを決定する。
③ 見積稼働率に基づいて客室の平均料金を計算する。

　簡単な計算例を示すと，次のようになる。

　　　宿泊部門
　　　　税引後純利益　　　12,000,000 円
　　　　税金　　　　　　　 5,400,000
　　　　総業務コスト　　　195,900,000
　　　　合　計　　　　　　213,300,000
　　　控除：飲食部門売上高　33,300,000
　　　希望宿泊部門売上高　180,000,000 円

　ホテルの最大利用可能客室数が100室，365日営業の場合，稼働率を70％と見積ると，平均客室料金は，以下のように計算すればよい。

100％の稼働率：　　100室×365日＝36,500室
70％の稼働率 ：　　36,500室×70％＝25,550室
平均客室料金 ：　　希望客室売上高／見積客室販売量＝180,000,000／25,550
　　　　　　　　　　　　　　　　　＝7,045円

③ 収 益 管 理

　「収益管理」のことを　英語圏では sales revenue management または yield management と呼んでいる。この実践的な管理方式は，ホスピタリティ業界においては近代的な手法として重視されている。その理由は，歩留率と需要／供給原理との組み合わせ，換言すれば，客室の在庫数と客室料金との二つの要

素を結びつける点にある。これまでは，客室部門は稼働率を増やすことに努め，これに対しマネジメントは収益の最大化を目指してきた面がある。そうであれば，各部門のマーケッティング目的に微妙な差が出るので調整が必要になる。高い稼働率は収益が最大化するのかどうかを必ずしも示すものではないし，一方平均料金は料金の割引をしないことにより高水準を維持することができる。このように，高い稼働率か高い平均料金かというどちらか一方に偏った視点でのマーケッティングには問題があったのである。収益管理は，こうした問題を解決するものとして導入されている。つまり，収益管理の狙いは，その時々の需要に応じて料金を調整しながら売上高を最大化する点にある。

収益管理を導くために採用される指標には，通常収益率が使われる。この指標は，以下のように収益率（yield）として算定される。後記の歩留管理のデータを使用すれば，以下に示す公式の分母には，100の客室を持つホテルが1室8,000円の最高料金を設定しているので最大可能な売上高の100室×8,000円＝800,000円を使用する。

収益率＝（実際の売上高／最大可能売上高）×100
　　　（560,000／800,000）×100＝70％

この70％の収益率を成就するためには，さまざまな稼働率と平均料金比率との組み合わせがあることに注意する必要がある。これらの組み合わせのうち三つの状況を想定して計算例を示せば，以下のようになる。

	稼働率(%)	販売数	売上高(円)	平均料金（円）	平均料金率	収益率
A：	70％	70	560,000	＝8,000／8,000	1.0	70％
B：	80％	80	560,000	＝7,000／8,000	0.875	70％
C：	90％	90	560,000	＝6,222.22／8,000	0.7770	70％

上の計算式は，すべて70％の収益率での客室稼働率と平均料金率の関係を示している。そのことは，稼働率および平均料金がそれぞれ独立させたかたちでは十分な情報になりえないことを示している。稼働率と平均料金率を掛け合わせることにより有意義な業績情報を提供することができるのである。

また，次のような考察も必要である。各ホテルとも100の客室を持ち，公表の料金はいずれのホテルも8,000円の場合である。

	稼働率(%)	販売数	平均料金(円)	売上高(円)	収益率(%)
ホテルA：	70％	70	8,000	560,000	70.0％

| ホテルB： | 80％ | 80 | 6,990 | 559,200 | 69.9％ |
| ホテルC： | 90％ | 90 | 6,200 | 558,000 | 69.8％ |

　この計算例では，各ホテルの稼働率すなわち販売数が異なるものの売上高と収益率は，ほぼ同じである。そのことは，稼働率とともに平均料金をも管理しないと必要売上高または利益を確実に得ることができないということをあらわしている。

　収益管理の目的は，別言すれば「公正な料金の支払いを決めている顧客の希望に適う客室を提供するという基本的な経済原理を応用することによって，客室売上高を最大にすること」にある[5]。こうした目的の実践例としては，たとえばウィークデイよりも日曜日に一時滞在者の料金を下げるとか，学会その他の会議等に参加するグループには一時滞在者よりも低い料金にするなどがあげられる。また，高齢者には低料金を，政府関係者，ビジネス旅行者や飛び込みの宿泊希望者に対しては料金を高めにするなどの対応がこれに当るであろう。そのことは，高い需要が期待できる期間に高い料金を請求し，予約が低調であるときに価格を下げて販売促進策を講ずるという需給関係の考えに基づいて価格設定を行うやり方とは異なる。収益管理は，客の要求を考慮してやたらに料金を下げるなり，割引料金で多くの客を呼び込むようなことをしない。低料金で宿泊客を増やすことは，建物だけでなく諸設備の消耗を早めることにもなるし，従業員の負担も増えることになり，結果的に利益率を低下させることになるであろう。そうではなく，収益管理の目的は，上記2通りの計算例が示すように，収益の最大化をもたらすように顧客の需要予測と利用パターンとを程よく接合させる方法を用いることにある。この意味でも，収益管理に基づく価格決定方法は需要志向であるといえる。

　Kotasは，収益管理の方法と特徴を次のようにまとめている。その方法は，①6〜9ヶ月先の需要をセグメントごとに予測する，②これらの様々なセグメントごとに料金を毎日調整しながらこうした需要に答えることである。また，その特徴は，①投資コストやサービスコストに関心を示すことなく，需要の強さを重視する，②毎日意思決定をする，③平均料金率を改善することにある[6]。

（5）　*Ibid*., p. 284.

また，収益管理での基準価格の決定方法は，需要志向のボトムアップ方式によるので，わが国では近年電力会社が採用しているということで有名になった総括原価方式がこれに類する。この方式を採用する産業は，基本的に次の特徴をもつ産業とされている。

① 廃れやすい製品
② 一定の生産力
③ 不安定な需要
④ 高い固定費
⑤ 市場区分力

このような特徴を有する産業には，ほかに公共交通機関や航空会社などがある[7]。

4 ボトムアップ・アプローチの計算構造

ボトムアップ・アプローチは，上記の計算例にみるように，通常の損益計算書のトップダウン的読み方ではなく希望利益から捉えるという逆の読み方をするところに特徴がある。

1．このアプローチは，以下の四つの前提によって成り立っている。
① 損益計算書に計上されている売上高は，100％をあらわす。
② 売上原価や変動間接費のようなすべての変動費は，売上高を100％としたときの構成比で示す。
③ 税引後純利益を含むすべての非変動費（利益をコストとみなして計算するので固定費という表現法をここではとらない。）と所得税の金額は，把握できる。
④ 希望税引後純利益額と実行税率は，把握できる。

これらの前提に基づいて，簡素な計算例を示せば，以下のようになる。

売上高	100％
売上原価	50
その他変動費	20
変動費合計	70％

（6） R. Kotas (1999) pp. 123-124.
（7） *Ibid.*, pp. 122-123.

```
固定費・法人税等    500
税引後利益       2,500
非変動費合計     3,000 円    30 %
総費用                    100 %
```

2．ボトムアップ・アプローチで基軸となる情報は，以下のように算出する。ボトムアップ・アプローチの場合，非変動費は固定費・法人税等に税引後利益を加えた金額になるから，貢献利益と同じ額になる。以下では，この貢献利益を用いて説明することにする。

① 貢献利益は，売上高に対する％で示す。

　　売上高（100 %）－変動費（%）＝貢献利益（%）

② 売上高は，次のように計算する。

　　非変動費／貢献利益率（%）＝売上高
　　または，非変動費／非変動費率（%）＝売上高

③ 税引後純利益と税率でもって法人税等を算出する。

　　税引後純利益／（1－税率）＝税引前営業利益
　　したがって，法人税＝税引前営業利益－税引後純利益として計算する。
　　あるいは，営業利益×税率＝法人税と計算してもよい。

5 平均単価の計算

1．レストランの価格決定

はじめに，レストランの価格決定について，仮説例に基づいて述べることにする。

花井レストランは，次年度，1,237席の座席数を常時確保して，週7日で年52週の営業日にランチとディナーを提供することにしている。総売上高は，711,200（千円）を予定している。これまでの実績をみると，ランチは座席の稼働率1.35回転で総売上高の40％を占め，ディナーは座席の稼働率0.65回転で総売上高の60％を占めている。この実績データを次年度の見積りにそのまま使うことにして，営業期間におけるメニューの平均単価を計算すると次のようになる。

（1） メニューの平均単価

① 総平均単価＝総売上高／（座席数×総回転率×営業日数）
　　　　　　＝711,200,000／（1,237×2×7×52）
　　　　　　＝789.75円
　総回転率（2）＝ランチの回転率（1.35）＋ディナーの回転率（0.65）
② 昼夜別平均単価＝（売上高構成比×総売上高）／（座席数×回転率×営業日数）
　ランチ＝（40％×711,200,000）／（1,237×1.35×7×52）
　　　　＝468.0円
　ディナー＝（60％×711,200,000）／（1,237×0.65×7×52）
　　　　　＝1,458.0円

（2）　複数のメニューを提供していて，しかも各メニューの原価率が異なる店舗では，顧客がメニューの選び方を変えるとセールスミックスが変わるので，全体利益に影響がでることになる。平均価格は総売上高と総回転率の関係に基づいて計算されているので，個別のメニューの貢献利益を明らかにしていない。セールスミックスの変化を回避するようなメニュー構成を顧客に提供するのも一案であるが，そうでない場合には全体利益をできるだけ高めるようなメニュー構成を提案し売上最大化を目指すべきであり，いろいろと工夫を試みる必要がある。これについては，収益管理のところで詳説することになる。

　また，食事と飲料とは別料金体系となっている場合，通常両者の利益は売上高に一括計上されるので，飲料部門の利益が食事の料金に依存するという関係を明確にしたい場合には，飲料部門の利益を平均価格決定前に見積り計上する必要がある。上の平均価格の決定方式はこの点を明確にできないからである。

　平均価格は，目標総売上高の達成のために必要な顧客の平均消費額を示している。そのことは，目標利益を最終的に達成できるかどうかを期間中に評価する指標として役立つことを意味する。つまり，これらは回転率やセールスミックス，さらにはコスト削減などの期中管理に有効な情報を提供するのである。その意味で，平均価格はチェック機能として役立てられるといえる。

2．メニュー価格の算定

（1）　メニュー価格計算の一般的な方法は，各メニューのコスト要素を入念に個別に計算し標準的原価を決定することから始める。次に，各メニューの販売価格は，メニューコストをコストの％で除して計算する。

たとえば，あるメニューのコストがこのコストの2.0倍または200％の価格でもって回収できるとすれば，コストの％は50％（100／200）となる。このメニューのコストが470円（標準原価）であれば，販売価格は940円（470円／50％）となる。こうした価格決定法は，分かり易いという利点をもつが，合理的でなく，したがって実践的でもない。

そこで，ボトムアップ方式の思考に基づいて見積損益計算書を作成すると，次のようになる。

図表10-1　次年度の見積損益計算書（単位：千円）

売上高		100％
売上原価（食品材料）		36％
直接労務費		30％
直接業務費		14％
変動費合計		80％
給料	20,100	
販売費	10,500	
維持管理費	5,200	
支払保険料	4,000	
減価償却費	20,000	
支払利息	26,000	
法人税	15,600	
純利益	40,840	
非変動費合計	142,240	＝ 20％
総費用の％		100％

上の見積損益計算書から，要約損益計算書を完成させると以下のようになる。

図表10-2　次年度の要約損益計算書（単位：千円）

売上高（142,240／20％）	711,200
変動費	
売上原価（711,200×36％）	256,032
労務費（711,200×30％）	213,360
業務費（711,200×14％）	99,568
合計（711,200×80％）	568,960
貢献利益	142,240
業務固定費合計	85,800
税引前利益	56,440
法人税	15,600

純利益	40,840

＊　業務固定費合計＝非変動費合計−法人税−純利益

　一般的な価格決定方式では，上表において売上原価が36％であるから，あるメニューの売上原価が465円と把握できたとすれば，このメニューの販売価格は465円／36％＝1,291.67円と計算することができる。

　（2）　以上の価格決定法は，ボトムアップ方式を援用した方法ではあるが，標準的な価格の決定法といえる。というのも，このような方式にも次に示すような全般的な問題と注意点が存するからである。

　通常の営業形態において，すべてのメニューに対してこうした標準的なコストの％（ここでは36％）を適用して価格算定すると，メニューごとの適正価格の設定に問題が生ずる可能性がある。たとえば，店舗のメニューが複数である場合，実際にはメニューごとにコスト率やマークアップ率が異なるように価格を設定する場合もあるし，何よりも競争価格を意識せざるをえないような状況のもとでは顧客の意識や競合店の価格展開など他の要因を考慮に入れなければならない。この場合には，全体利益が確保できるようにセールスミックスを考慮しながら，調整を行う必要がある。

　このような調整には，たとえば，営業期間中にメニュー単価の引き下げを要する事態が発生するなり，顧客のメニュー選択が変化して客単価が減少するような場合に，そのような変化を相殺するために座席の回転率を高めることなどが含まれる。このような営業データは，重要性が高いので日次，週次，月次に分けて把握する必要がある。

　また，結婚披露宴のように食事と飲み物が密接に結びつくような形態の場合には，価格を食事と飲み物に分けて個別に設定しないことが多い。この場合，一般に食事の売上げに伴って飲料の売上げも増えるので，そうした両者の相補的な関係を考慮して，統合するかたちで価格を決定することがある。

3．メニューエンジニアリング・ワークシート

　メニューエンジニアリングは，伝統的な価格決定の方法で用いられてきたパーセントの使用を拒否する点に特徴がある。そのことは，高い利潤率が必ずしも高い利潤額を保証するものではないことから，資本利益率という期間利益率

にみられるようなパーセントよりも，利潤を得るために営業活動が行われているという考え方に基づいている。そうすると，メニューエンジニアリングは，次に示す三つの基本的要素を大切にする必要がある。

第1に，メニューエンジニアリングの方法は，メニューの評価を個別・継続的に実施してメニューごとに貢献利益を管理することにある。それは会計的期間利益を把握してから管理するのではなく，通常の形態であれば週ごとに貢献利益を計算し業績分析を行うことを意味する。そのことによって，業績確保のための是正措置を適宜に行えるようになる。第2に，そのための手段として，人気度（popularity）と利益性（profitability）という二つの評価尺度を採用することである。これによって，すべてのメニュー項目の業績評価を継続的に行い，同時にすべてのメニューの価格，メニュー名や原材料の点検を行うことができるようになる。最後に，明快に分析が行えるように，ワークシートを作成する必要がある。

さて，ワークシートは，メニュー項目の分析に役立つ情報を提供するので定期的に，通常は週ごとに作成する必要がある。メニュー全体を網羅するように，たとえば食事部門なら前菜，主要料理，デザートと，飲料部門なら白ワイン，赤ワインというように部類別に整理して計上すれば一層効果的である。このワークシートは，メニューエンジニアリングを効果的に行うために作成するので，一般には図表10-3のような形態になる。作成手順としては，料理名のついたメニュー項目と販売数量を書き込むことからはじめ，下記の図表10-3にみるような展開となる[8]。

(A) メニュー項目の名称
(B) メニュー項目の販売数量
(C) 各メニュー項目が総販売数量に占める割合：各メニュー項目の販売数量／全メニューの総販売数量
(D) 各メニュー項目の変動費
(E) 各メニュー項目の販売価格
(F) 各メニュー項目の単位当たり貢献利益：販売価格－変動費
(G) 各メニュー項目の総変動費：単位当たり変動費×販売数量
(H) 各メニュー項目の売上高：販売価格×販売数量

---

(8) M. G. Jagels (2007) p. 258.

図表10-3 ワークシート

(A) メニュー名	(B) 販売数量 N	(C) 売上構成比 B/N	(D) 変動原価	(E) 販売価格	(F) 単位当り貢献利益 E−D	(G) メニュー項目別変動原価 D×B	(H) メニュー項目別売上高 E×B	(L) メニュー項目別貢献利益 F×B	(P) 単位当り貢献利益格付け F/O	(R) 人気度格付け C/Q	(S) 判定 P+R	(T) 利益係数 L/U
ステーキ	310	11.6	720	1,590	870	223,200	492,900	269,700	H	H	花形製品	1.2
リブ	465	17.4	755	1,690	935	351,075	785,850	434,775	H	H	花形製品	2.0
ヒレ	311	11.6	610	1,390	780	189,710	432,290	242,580	H	H	花形製品	1.1
チキン胸肉	325	12.2	330	850	520	107,250	276,250	169,000	L	H	金のなる木	0.8
ラムチョップス	300	11.2	615	1,350	735	184,500	405,000	220,500	L	H	金のなる木	1.0
ポークリブ	199	7.4	261	1,050	789	51,939	208,950	157,011	H	L	問題児	0.7
カニの足	251	9.4	590	1,100	510	148,090	276,100	128,010	L	H	金のなる木	0.6
ハンバーグ	332	12.4	575	1,290	715	190,900	428,280	237,380	L	H	金のなる木	1.1
フォアグラ	181	6.8	495	1,190	695	89,595	215,390	125,795	L	L	負け犬	0.6
合　計	2,674					I=ΣG 1,536,259	J=ΣH 3,521,010	M=ΣL 1,984,751		メニュー項目平均貢献利益：U=M/メニュー項目数 U=220,527.89		
						K=I/J 0.44		O=M/N 742.24		Q=(100/9)(70%) 7.78		

5 平均単価の計算　165

(I) 全メニューの変動費
(J) 全メニューの総売上高
(K) 売上変動費率：総変動費／総売上高（×100）
(L) 各メニュー項目の貢献利益：各メニュー項目の貢献利益×販売数量
(M) メニュー全体の貢献利益
(O) 総販売数量の平均貢献利益
(P) メニューの貢献利益分布：平均貢献利益と比較して，各メニューの単位当たり貢献利益がそれより高いか低いかに分類する。高ければH，低ければLとする。
(Q) メニュー全体の平均人気度。各メニューの最低人気度を平均人気度数の70％とみて計算する。次のように計算する：(100／メニュー項目数)×70％
(R) 総販売数量に占める各メニュー項目の構成比が平均人気度に比べ高いか低いかを判断する。高ければH，低ければLとする。
(S) 単位当たり貢献利益のレベル（P欄）と人気度レベル（R欄）とを各メニューごとに合成し，4つの組み合わせを作る。HHを花形製品，LHを金のなる木，HLを問題児，およびLLを負け犬のカテゴリーで捉える。
(T) 各メニューの貢献利益をメニュー単位の平均貢献利益で除して得た数字である。

ところで，メニュー全体の平均人気度は，通常次のように計算される。上のワークシートのようにメニューが9品目であれば，最低保障平均人気度は(100／9＝11.1)×70％＝7.78％となる。この計算は，次のことを意味する。すべてのメニュー項目を含めた平均的人気度は100／メニュー項目数の計算式で算定することができるが，このような単純な度数が各メニューの最低売上高を保証するとみることはできないから，現実的なものではないといわなければならない。そこで，メニューごとの人気度を把握し，そこでの最低人気度を考慮に入れて平均人気度を計算する必要があり，経験を踏まえて示されたデータによれば，平均人気度数の70％が妥当なレベルとされている。上の計算式は，こうした見解を考慮に入れたものである。

4．メニューエンジニアリング—業績管理と修正行為
(1) PPMの導入
ワークシートは，メニューエンジニアリングという分析手法を展開するため

に作成される。この手法の特徴は，貢献利益と需要つまり人気度により各メニューの業績評価を行うことにある。ワークシートのS欄は，各メニューの貢献利益レベルPと人気度レベルRとを合成し，その結果を4分類してHH，LH，HL，LLとしてあらわしたものを，これらのカテゴリーごとに花形商品，金のなる木，問題児，負け犬と名付けてある。この四つのタイプは，アメリカのボストンコンサルティング・グループが開発したプロダクト・ポートフォリオ・マネジメント：PPMとして知られるもので，以下のようなマトリックスからなる。

花形商品	問題児
金のなる木	負け犬

レストランの経営活動でPPMを活用する場合には，一般に次のような使い方がされる。
① 花形商品（HH）：人気があり利益をあげているメニュー項目を指す。人気度はメニュー項目ごとの販売量によって測る。利益尺度は売上総利益または貢献利益を用いる。本章では貢献利益を採用している。
② 金のなる木（LH）：人気はあるものの高水準の利益を生まないメニュー項目である。
③ 問題児（HL）：利益を生むものの，何らかの問題があって人気が出ないメニュー項目である。
④ 負け犬（LL）：人気も利益も出ないメニュー項目である。

これらの四つのカテゴリーは，人気度および利益額という二つの業績尺度を示すだけでなく，どのような修正行為が必要であるかをも示唆する点において非常に有効である。このようなPPMに注目するメニューエンジニアリング手法の特徴を，Kotasは以下のようにまとめている[9]。

第1に，価格設定のさいにパーセントの使用を拒否する点である。これは次の計算例によって理解できるであろう。

（9） R. Kotas（1999）p. 131.

商品名	販売価格	直接費	貢献利益	貢献利益率（％）
野菜サンドイッチ	120	45	75	62.5
ハムサンドイッチ	140	55	85	60.7
チーズサンドイッチ	110	40	70	63.6

　この例では，一番高い貢献利益を生み出している商品が一番低い貢献利益率（％）を示していることがわかる。そのことは，ビジネスにおいてはパーセントの成果よりも利益額を求めて行動する必要があること，さらに高い利益率が必ずしも十分な利益を保証するものではないことをあらわしている。

　第2に，各メニューの業績評価を継続的に行うことが可能になる。これによって必要ならメニューの中身や名称を変えることができるようになる。

　第3に，メニューごとの人気度と利益の相関関係を捉えることにより，各メニューの全体利益への貢献の仕方をつかめるようにすることである。

　最後に，ワークシートを週ごとに分析すれば，メニュー価格の週ごとの再点検が実施可能になり，各アイテムの人気度と利益性をメニュー価格の短期・定期的な評価に役立たせることができる。

（2）　メニューエンジニアリングの活用

　上の四つの特徴の実現化に資するワークシートであるが，その実践的な活用法について Jagels の見解に検討を加えて示せば，概略以下のようになる。そのさいに，PPM の観点とメニューエンジニアリングの手法とでは多少取り扱い方に異なる面があるので，その点に留意しながらみていくことにする。

　花形商品は，貢献利益および人気度がともに平均より高い商品からなる。PPM の観点からみると，このような商品は高い成長市場からの利益を受けているので，市場での成長をさらに押し進めマーケットリーダーを確保するためにも必要な資源を動員すべきである，ということになる。その結果，商品の成長が長続きすることになれば，やがて金のなる木に移るかより高い利益を生むことになる。だがしかし，メニューエンジニアリングの観点からみると，上記ワークシートが示すように花形メニュー（HH）が総貢献利益の多くを生み出しているようなメニュー構成の場合には，花形メニューの収益性は誤った経営管理へと導くことにもなりかねないので注意する必要がある，ということになる。その対応策としては，利益が最大化するようにその他のメニュー項目から

も等しく貢献利益を確保できるように工夫を加え，また極端に低い貢献利益のアイテムがあればそれを除去し新メニューを取り入れるなどが考えられる。花形は，一般に人気商品であるから需要に硬直性があるので，価格をある程度上げても利益を増やせるが，反対に価格を下げれば販売量を確保できても貢献利益を減少させるかもしれない。需要の弾力性が比較的高いときには価格を下げても売上高を増やせる可能性があるので，その点について検討が必要になる。

なお，花形メニューの人気を持続させるためには，効果的なメニュー展示を行うなどのサービス面の充実のほかに品質管理に細心の注意を払う必要がある。

金のなる木は，成熟した市場において高度のシェアを持つ商品からなる。このカテゴリーにおいては一般に生産・流通面への投資が抑制されるので，ここで生み出された利益は，将来の成長が期待されるアイテムへの投資や問題のあるアイテムの管理に使うことができる。ワークシートでは，人気はあるが貢献利益の低いメニューがこれに当る。このカテゴリー（LH）に含まれるメニューには，販売量が多いために総貢献利益に与える貢献度が高いアイテムもあるので（T欄をみる。），配慮が必要になる。金のなる木のメニューに対しては，一般に貢献利益を高める努力が求められる。その方策として，価格を上げるか，それが不可能な場合には原材料コストを下げる調理法を検討することなどが考えられる。また，添え料理との組み合わせを変えることも含め効果的なメニューを提供することによって価格を上げることも有効である。需要の弾力性はそれほど高くないので，価格を下げることは貢献利益の減少につながるであろう。当該メニュー項目の展示法・陳列の改善や顧客の誘導は，むしろその他の高業績メニュー項目へのオーダーを回避させかねないので注意する必要がある。

問題児は，成長率の高い市場において低いシェアしか確保していないアイテムからなる。これらのアイテムには，花形への転化を期待させるものやその逆のものもある。それ故に，この分野への投資を増やすべきか，あるいは投資を減らすか止めるべきかの判断に迷うことになる。ワークシートでは，貢献利益が平均より高いが人気度は平均より低いメニューがこれに当る（HL）。この売れない理由には，価格が高すぎること，品質に問題があること，顧客の嗜好に

合わないことなどがある。このように訳ありにもかかわらず，通常はメニューを変えることなく販売量を増やす工夫を凝らすことになる。その場合，価格の引き下げは，貢献利益が比較的高いとか需要に弾力性があるときに有効であるが，一般にこれらのメニュー項目の価格に対しては顧客側の抵抗がみられるので，販売促進策が最も有効な策となる。メニュー名を変える，メニューの説明書きに手を加える，展示の方法や陳列の場所を改善するなどはその例といえる。大幅な価格の引き下げは，花形などの売上を減らすことになり結果的に全体の貢献利益を減らすことにもなるので問題がある。価格を上げることは，少数の顧客にのみ非常に人気があるメニュー項目にかぎり許される。なお，全く人気のないアイテムはメニューから外されることになろう。

　負け犬は，成長率の低い市場または衰退しつつある市場において低いシェアしか維持していないアイテムからなる。負け犬は，通常金を生まないか金を失うので，それでも様々な理由により販売を続ける場合もあるが，一般には撤退を決定することになる。負け犬を抱え続けるために要する諸資源は，ビジネスチャンスに投入することのできる資源でもある。ワークシートをみると，貢献利益および人気度とも平均より低いメニュー項目がこれにあたる（LL）。営業努力の甲斐もなく貢献利益および人気度ともに良くならない場合，この種のメニューは新メニューに取り替えられることになる。ただし，徐々に人気が高まって金のなる木に化けることもあるのがこの種のメニューの特徴である。このように転化したメニュー項目に対しては，金のなる木としての扱いが必要になる。これに対し，一定の少数の固定客に根強い人気を持つメニュー項目がときにはみられるが，このような客に対しては問題児のカテゴリーにもみられるように価格を上げて販売を続けることも考えられる。

　さて，メニューエンジニアリングにおいては，市場または需要の程度，人気度を測るセールスミックス分析，および貢献利益という3つの変数の合成に基づいてメニューを四つのタイプに区分することができた。その結果，総貢献利益は，花形メニューをできるだけ多く提供し，問題児の数を減らし，負け犬を除去するように努めれば改善または最大化することを明らかにすることができた。

　メニューエンジニアリングの手法の良いところはこれに尽きるものではな

い。各メニューは異なる変数の組み合わせからなるので、セールスミックスを考慮に入れながら個別に販売価格とマークアップを決定することを可能にするのである。そのことは、メニューごとに値入高 (gross profit) を設定することにもなるので、変動費率（または売上原価率）が販売価格の決定に関して有効な指針とはなりえないことを意味する。ボトムアップ・アプローチとの違いは明らかである。また、メニュー全体のなかで比較第1位の粗利益率を示すメニューが必ずしも同位の粗利益額を示すわけではないので、メニューエンジニアリングの考え方は、そうしたパーセントの利用を拒否しメニューの貢献利益を最大化しようとすることになる。

だが、この手法にも次のような問題がある。すなわち、個別にメニューの貢献利益を高くしようとすると、高価格で高コストになりやすいということである[10]。そうであれば、客離れを起こす可能性が否定できないので、メニューエンジニアリングは、売上高を順調に伸ばしているケースにおいて最も有効に機能するといえる。市場の弾力性をみながら運用することが望まれる。

限界利益図表により明確に知りうるように、全メニューを含む売上高が限界利益損益分岐点を下回る状況を続けると、貢献利益を出しているメニューがあるにもかかわらず、固定費それ故に総コストの未回収額が拡大していくことになる。一方、固定費の大きい事業では、単位当たり固定費それ故に単位当たり総コストは販売量の増加とともに低くなるので、販売量の増加が利益に及ぼす影響は大きいといえる。それ故に、この産業は、一般に初期投資が大きいので売上高を増やすように努めなければならないといえる。

これらのことから、メニューエンジニアリングはボトムアップ・アプローチと異なり個別の価格設定に対し有効な指針を提供することが可能となる。

5．ホテルの客室料金の計算

ここまでは、レストランのメニュー単価の決定について説明してきた。ここからは、ホテルの客室料金の決定について述べることにする。

（1） ボトムアップ・アプローチによる決定

---

[10] M. J. Jagels (2007) p. 263.

客室料金の設定に関するボトムアップ・アプローチは，メニュー価格決定のケースと同じような扱い方をすることになる。はじめに，料金設定のための元データを以下に示すことにしよう。

図表10-4　次年度の原価見積

(単位：百万円)

科　目	金　額	
希望純利益	1,078	
法人税率	40％	
支払利息	1,600	
減価償却費	2,000	(建物および設備・備品の償却費を含む総額)
租税公課および保険料	850	
販売費・一般管理費	1,200	
維持管理費	1,260	
間接費合計	5,310	
宿泊部門の業務費	2,150	(見積稼働率75％とみる)
喫茶部門の貢献利益	856	(客室見積稼働率75％の場合)

上記の原価見積りに基づいて，要約見積損益計算書を作成すると次のようになる。

図表10-5　次年度の宿泊部門の損益計算

科　目	金　額	(単位：百万円)
宿泊部門業務費	2,150	
間接費合計	5,310	
支払利息	1,600	
法人税	718	$[=1,078/(1-0.4)-1,078]$
希望純利益	1,078	
総費用	10,856	
控除：喫茶部門の貢献利益	(856)	
宿泊部門の希望売上高	10,000	

1,019室の収容能力を有するホテルが，次年度の稼働率を75％と見積ると，収容能力1,019×見積稼働率75％×営業日数365＝278,951.25室の年間総売上客室数を確保することになる。そうすると，年間の平均客室料金は以下のような計算になる。

平均客室料金の見積り＝希望売上高／見積売上客室数（収容能力×見積稼働率×365日）
　　　　　　　　　＝10,000百万円／(1,019×75％×365)
　　　　　　　　　＝10,000百万円／278,951.25
　　　　　　　　　＝35,848.56円

規模の大きいホテルでは，様々なタイプの客室を用意している。たとえば，客室のサイズ，見晴らしの良さや室内装飾などにより料金が異なるようにしてある。平均料金というものは，こうしたそれぞれのタイプの客室の実際の料金を検討・設定するさいに指針となりうるものである。

だが，喫茶・飲食部門の貢献利益が客室料金に依存するという関係にあるところでは，希望売上高を総額で把握しそれを分子において平均料金を計算しても，そうした依存関係を明らかにすることはできない。この点は，レストランのメニューにおける平均価格の計算法のところでも述べているので参照されたい。ボトムアップ・アプローチは，その点を避けえないとしても，利益管理上のチェック機能の役割を果たすことはできる。

（2）シングル料金とダブル料金，および1日当たり総売上高の計算

平均客室料金の見積りは，ホテルが客室の提供にあたり確保したい平均売上高であるが，通常はツインタイプの客室であろうとダブルタイプの客室であろうとも，一つの客室を二人が宿泊する場合の料金は一人が宿泊する場合に比べ高い料金を設定している。同一タイプの客室を二人での宿泊と一人での宿泊とで料金が異なる場合には，次のような計算が必要になる。以下では，前者をダブル料金，後者をシングル料金と称することにする。

見積売上客室数（年間）278,951.25室を100％の売上客室数とみなし，この中でダブル料金の占める割合を30％とすると，1年間の客総数は278,951.25×130％＝362,636.63人となる。

そうすると，客総数－見積売上客室数＝ダブル料金客室数であるから，年間の売上ダブル料金客室数は，362,636.63－278,951.25＝83,685.37室となる。

一方，1日当たりの売上についてみてみると，次のようになる。

$$\begin{aligned}
\text{売上客室数} &= 1{,}019 \times 75\% \\
&= 764.25\text{室} \\
\text{ダブル客室数} &= 764.25 \times 30\% \\
&= 229.28\text{室} \\
\text{シングル客室数} &= 764.25 - 229.28 \\
&= 534.97\text{室}
\end{aligned}$$

売上客室数×平均客室単価＝1日当たり総売上高
764.25室 ×35,848.56円＝27,397,261.98円

（3） シングル・ダブルの客室料金決定

そこで，ダブル客室の料金をシングルより 8,000 円高くすることにして，それぞれの料金を決定するためには，以下のような計算が必要になる。上記の計算から，ダブル客室数が 229.28 室で，シングル客室数が 534.97 室，1日当たりの総売上高が 27,397,261.98 円と出ている。

シングル料金を x とすると

1日当たり売上高＝シングル x＋ダブル（x＋8,000）

27,397,261.98＝534.97x＋229.28（x＋8,000）

　　　　　　　＝764.25x＋1,834,240

764.25x＝25,563,021.98

x＝33,448.51 円（シングル料金）

シングルの料金が決まれば，ダブルの料金は次のようになる。

ダブル料金＝33,448.51＋8,000

　　　　　＝41,448.51 円

（4） 面積単位での客室料金決定

固定資産にかかわる原価率が異常に高いケースの場合，客室料金を客室の面積単位で決定することもある。この場合は，以下のようになる。

客室 1,019 のうち

　A が 200 室，各室の面積 70m^2

　B が 819 室，客室の面積 50m^2　であるとすれば，

　A：　200×70＝14,000

　B：　819×50＝40,950

　　　合　計＝54,950

54,950m^2 が総面積で見積平均利用率が 75％ であるから，1日あたりの利用面積は 54,950m^2×75％＝41,212.50m^2 と見積ることができる。1日あたりの総売上高は，すでに 27,397,261.98 円と算定されている。

1m^2 あたりの売上高＝27,397,261.98／41,212.50

　　　　　　　　　　＝664.78 円

よって，A，B の料金は，次のようになる。

A の料金＝70×664.78

　　　　＝46,534.60 円

B の料金＝50×664.78

　　　　＝33,239 円

（5） 割引料金の検討

割引料金を設定することは，客室の公表価格または最高価格を引き下げることを意味する。この場合，料金の割引を行っても，客室の最高価格で得られる貢献利益を確保できる利用者数または回転率を算出することができる。これを等価稼働率と称し以下のように計算する。

等価稼働率＝［現在の平均稼働率×（最高料金－限界原価）］／［最高料金×（1－割引率）－限界原価］

または

等価稼働率＝［現在の平均稼働率×（最高料金－1室当たり変動費）］／［最高料金×（1－割引率）－1室当たり変動費］

これは，一定額の貢献利益を確保する利用者数を算出する等式であるから，一定の貢献利益をもたらす割引料金での利用者数または％を示す。

この各種の割引率の影響を知るために，以下のような割引表（図表10-6）を作成しておくと便利である。この表は，110室をもつホテルの1室当たりの最高価格が8,000円で，限界原価（各室の稼働増に伴って追加的に発生するコスト）が800円と想定して作成したものである。見積稼働率を70％，割引率を5％として計算すると，次のようになる。

[70％×(8,000－800)]／[8,000×(1－5％)－800]
＝(70％×7,200)／(7,600－800)＝70％×(7,200／6,800)
＝70％×1.06＝74.2％

この74.2％の稼働率の場合，割引率5％における割引後の客室料金が8,000×(1－5％)＝7,600円であるから，この割引率での売上高は次のようになる：74.2％×110室×7,600円＝620,312円。

限界原価および貢献利益は，以下のようになる。

限界原価：74.2％×110室×800円＝65,296円
貢献利益：620,312－65,296＝555,016円

また，ここまでの計算結果では，稼働率が74.2％にまでアップするから，この稼働率の差異が（74.2％－70.0％）＝4.2％となり，現在よりも平均して4.62室（稼働率の差異4.2％×110室＝4.62）の客室売上げの追加が必要になる。この4.62室の売上増を図るために，広告やネットなどを使用することになればコスト増となるので，その増分は客室以外の部門での収入増により回収

図表 10-6　割引料金に伴う等価稼働率
（最高価格：8,000円　限界原価：800円）

稼働率（％）	割引率			
	5 %	10 %	15 %	20 %
70	74.2	78.8	84.0	90.3
65	68.9	73.1	78.0	83.9
60	63.6	67.5	72.0	77.4
55	58.3	61.9	66.0	71.0
50	53.0	56.3	60.0	64.5

を図る必要がある[11]。

(6) 需要の弾力性

需要の弾力性とは，価格の変化によってあらわれる需要の反応のことである。これは次の公式によって算定することができる。計算の結果が1以上の場合は弾力的であるが，その逆であれば非弾力的であるとなる。

　　需要の弾力性＝(需要量の変化／基礎需要量)／(価格の変化額／基礎価格)

たとえば，先月に平均8,000円で3,000室を売り上げていたホテルが今月800円の値上げを実施した。その結果，100室が売上減となった。

　　需要の弾力性＝(100／3,000)／(800円／8,000)
　　　　　　　　＝0.03／0.10
　　　　　　　　＝0.3

計算の結果では，非弾力的である。この条件の下での売上高をみてみると

　　先月　：3,000室×8,000円＝24,000,000円
　　今月　：2,900室×8,800円＝25,520,000円

以上のことから，需要が非弾力的であるので，価格上昇は総売上高の増加をもたらしたことになる。つまり，需要が非弾力的であれば，総売上高は価格変化の方向と同じ方向に動くことを示している。

前述のPPM分析のところで，花形商品は一般に非弾力的であると説いているので，そこを参照されたい。

(7) 歩留管理

最近，ホテルの管理者の業績評価の手段として，稼働率や平均価格率の高さよりも歩留り管理が重要視されている。歩留率は，次の公式で算定する。

---

(11) *Ibid.*, p. 273.

歩留率（％）＝（実際の売上高／最大可能な売上高）×100

たとえば，110室を有するホテルの最高価格が8,000円とすれば，最大可能な売上高は110×8,000円＝880,000円になるが，実際の売上高が616,000円であれば，(616,000円／880,000円)×100％＝70％となる。

ところで，この616,000円の売上高と70％の歩留率を維持する場合でも，次のようにさまざまなケースが考えられる。

A： 616,000円＝70室×8,800円
B： 616,000円＝80室×7,700円
C： 616,000円＝90室×6,844.44円

以上の三つのケースは，いずれも70％の歩留りを確保している。こうした歩留管理の目的は，宿泊客が求める価格に相応しい客室を提供することにより売上高を最大化することにある。

ホテル・ビジネスでの価格調整は，様々な複雑なすべての関連する要素を考慮に入れなければならないので，その意味で資本利益率（ROI）を基準とする単純な方法に依拠しても成功しないことがある。たとえば，価格を小幅に増減させただけで稼働率が大幅に変わることもあれば，価格を大幅に増減させたにもかかわらず稼働率にさほどの変化がみられない場合もある。この需要の伸縮性が内外の環境とも関連するものであることから，価格の引き上げは，経済環境が悪くなく緩やかなインフレーション状態および客室やレストランの座席が供給過剰でない場合に機能するという説にも了解できるところがある[12]。

しかしながら，このような経済状況や環境が長続きすることはまれであるし，ホテル・ビジネスでの利益は売上高の増減変化の影響を大きく受ける。客室料金はこのようなコスト構造をも考慮に入れて調整すべきである。

問題（１）

130席の座席を持つレストランの次年度の総売上高の見積りは，190,000,000円である。会社は，昼と夕に年間365日，朝に週6日（年間52週）営業することにしている。レストランの回転率と売上高の構成は，それ

---

[12] *Ibid*., p. 278.

それ以下のとおりである。

	朝	昼	夕
レストランの回転率	1.5	2.0	1.0
売上高の構成	23％	46％	31％

会社の朝，昼および夕の各営業期間における1座席当たりの平均収入を算出しなさい。（小数点以下四捨五入）

解　答：

売上高構成
- 朝： 23％×190,000,000円＝ 43,700,000円
- 昼： 46％×190,000,000円＝ 87,400,000円
- 夕： 31％×190,000,000円＝ 58,900,000円
- 　合　計　　　　　　　　 190,000,000円

平均収入
- 朝： 43,700,000／(130×6×52×1.5)＝　718円
- 昼： 87,400,000／(130×365×2.0)　＝　921円
- 夕： 51,300,000／(130×365×1.0)　＝1,081円

問題（2）

50室を有するホテルが次年度に70％の稼働率を目指している。経営者は，70,000（千円）の投資額に対して20％の税引後投資利益を希望している。客室のサイズやタイプは全部同一で客室料金も同一である。（単位：千円）

次の資料に基づいて以下の設問に答えなさい。

・　建物の抵当権設定の借入金が54,000あり，10％の利子率がついている。
・　現在の建物の帳簿価額は43,000，同じく備品の帳簿価額は9,400である。減価償却費率は，建物が10％で備品が20％である。
・　70％の稼働率の場合の業務費は2,000，固定費を10,000と見積る。
・　法人税は30％である。
・　自動販売機からの収益を月当たり30と見積る。

設　問

(1) すべての費用を回収し目標投資利益率を獲得するためには，ホテルの平均客室料金をいくらに設定すべきか。

(2) ホテルが40％のダブル客で占められ，シングルとダブルの料金の間には1の値開きがある場合，シングルとダブルの料金を計算しなさい。

解　答：

目標投資利益率（20％×70,000）	14,000
所得税（14,000÷70％＝20,000×30％）	6,000
利子（10％×54,000）	5,400
建物減価償却費（10％×43,000）	4,300
備品減価償却費（20％×9,400）	1,880
業務費	2,000
固定費	10,000
自動販売機（12×30）	(360)
必要売上高	43,220

(1) 室料は，
 43,220／(50×70％×365)＝43,220／12,775
 　　　　　　　　　　　　＝3.38

(2) 部屋の占有率＝70％×50　　35
 ダブルの占有率＝40％×35　　(14)
 シングルの占有率＝60％×35　　21
 一泊当たりの売上高＝35室×3.38
 　　　　　　　　　＝118
 　　　$21x+14(x+1)=118$
 　　　$21x+14x+14=118$
 　　　　　　$35x=104$
 　　　　　　　$x=2.97$ のシングル料金

シングルの客室料金2.97＋1（の値開き）＝3.97 がダブルの料金となる。

第11章 資本予算と投資決定

１　資本予算の意義

　資本予算とは，資金を固定性資産あるいは長期のプロジェクトへ配分することにかかわる投資決定のことである。換言すれば，それは資本支出を導くシステムである。

　こうした投資決定は，一般に高額の貨幣支出を要求することから，重要な企業資源を長期間にわたって拘束することになる。そのことは，資金だけでなく将来の利潤の源泉の拘束を含むことから企業業績に大きく影響を与える。それ故に，投資決定の問題は資本支出の決定がいかに重要であるかを示すだけでなく，時間が極めて重要であることをあらわす。この時間重視の考え方は，利子が投資決定を導く重要な要素になることを意味する。

　資本予算では，資本調達と資本支出に関する決定を必要とするが，資本調達決定は財務管理に任せることにして，ここでは資本支出の側面とりわけ設備投資に関する資本支出について検討する。この側面は，通常資本投資予算と呼んで，次のような目的と結びついている。

① 原価低減化と取替え
② 製品系列の拡張と改善
③ 新製品の製造販売
④ 安全性の確保
⑤ その他

　これらへの資本支出の必要は，企業においては絶えず存在するし，採算を考えて資本支出つまり投資額に対する経済性計算の採用を求めることとなる。それ故に，資本投資の分析は，予算思考と結びついた計画設定の作業となり，その内容も一定のプロジェクトを評価するプロセスが中心になる。

2 資本投資決定

1．キャッシュフロー

現金は，基本資産であるとともに収益力のある資産への投資のためにも使われるので，機会原価の概念と結びつくことになる。したがって，資本投資分析においてキャッシュフローと時間要素は決定的に重要なデータである。いま，簡素なキャッシュフロー表を例示すれば，図表11-1のようになる。

図表11-1　見積キャッシュフロー表

科目	現在	1年後	2年後	3年後	4年後	5年後
新設備への投資	(120,000)					
残存価額						12,000
旧設備の処分価額	7,000					
棚卸資産	(2,000)					2,000
見積り：貢献利益		30,000	30,000	30,000	30,000	30,000
営業費節減		10,000	10,000	10,000	10,000	10,000
部品取替費				(10,000)		
正味原投資額	(115,000)					
正味キャッシュインフロー（現金流入額）		40,000	40,000	30,000	40,000	54,000

＊　① 括弧内の数字は，キャッシュアウトフローの金額を示している。
　　② 現在の棚卸資産（2,000）は，年々の予想売上高に基づいて算定された数字である。期間終了時に全額回収される。
　　③ 税法上では，残存価額は廃止され備忘価額1円まで償却可能とされている。

このキャッシュフロー表は，単純化したモデルである。実際には，年々の予想売上高は変動的に推移するのが常であるから，そうであればその影響が正味運転資本にもあらわれるし年々のキャッシュフローの動きにもあらわれるとみなければならない。キャッシュフローは，そうした新規投資プロジェクトのキャッシュフローとその投資を見送ったときに生ずるであろうキャッシュフローとの差額をあらわす。これを増分キャッシュフローと呼ぶ。それは現金の純増分を意味するから企業会計上の利益とは異なる。以下では，投資の意思決定において必要となるデータを提供する採算性の計算を説明することにする。

2．投資案の評価方法

　個々のの投資案は，見積キャッシュフローに基づいて分析する必要がある。評価方法としては，次の方法が提唱されている。

　1　貨幣の時間価値を考慮する方法
　　① 正味現在価値法
　　② 現在価値指数法
　　③ 内部利益率法
　2　貨幣の時間価値を考慮しない方法
　　① 回収期間法
　　② 会計的利益率法（ARR）

（1）正味現在価値法

　この方法は，経営者が希望する投資利益率または資本コストを指標として選び，期待する見積キャッシュフローをこの指標で割り引いて現在価値を求め，これから原投資額を控除して正味現在価値を計算するのである。この現在価値が正ならば，その投資案は採択されることになる。

　現在価値法で適用される割引率は，一般に資本コストであり，この資本コストの大きさが評価と判定に影響を与えるので，適正な資本コストを選択することが重要となる。この方法は，この適用した割引率を無制限に運用することを前提としているため現実的でないという批判もある。

　資本コストが10％の場合の計算例を，上の見積キャッシュフロー表に基づいて示せば，図表11-2になる。

図表11-2　正味現在価値の計算

　　　　　　　　　　プロジェクトの期間　　　　　　　（単位：千円）

	現時点	1年後	2年後	3年後	4年後	5年後
正味キャッシュフロー	(115,000)	40,000	40,000	30,000	40,000	54,000
現在価値係数10％		×0.909	×0.826	×0.751	×0.683	×0.621
現在価値（10％）		36,360	33,040	22,530	27,320	33,534
5年間の現在価値合計	152,784					
正味現在価値	37,784					

　投資決定のルールは次のとおりである。年々の正味キャッシュインフローの現在価値合計（152,784）が投資の正味キャッシュアウトフロー（115,000）より

大きいので，この投資案は承認される。もし，投資案が複数で二者択一を要するのであれば，より大きい正味現在価値の方を選択する。また，上の計算例での現在価値係数10％は，必要最低利益率をあらわしているので，正味現在価値が負になれば，投資案の利益率が必要最低利益率以下であることを意味するから，この投資案は拒否されることになる。

現在価値係数として一般に適用される資本コストは，用途に応じて必要最低利益率，切捨率，または期待利益率などと呼称されている。これらの個々の割引率は，実際にはそれぞれ異なる率を示すこともあるが，ここでは同じものとみなして使用する。

（2） 現在価値指数法

割引率が大きくなるほど，正味キャッシュインフローの現在価値はそれだけ小さくなるので，複数の有力な投資案の採用を決定するときには，各投資案について以下のようにランク付けをする必要がある。

投資案	正味キャッシュフローの現在価値	原投資額	正味現在価値	収益性指数	ランキング
a	225,000	200,000	25,000	1.13	4
b	188,000	165,000	23,000	1.14	3
c	152,784	115,000	37,784	1.33	1
d	123,500	100,000	23,500	1.24	2

収益性指数は，正味キャッシュインフローの現在価値を原投資額で除して出した数値であり，収益性指数が高いほど魅力的な投資案といえる。各投資案は，上記のように収益性指数に基づいてランク付けすることができる。

（3） 内部利益率法

内部利益率は，将来の正味キャッシュインフローの現在価値を原投資の正味キャッシュアウトフローと等しくする利益率あるいは利子率と定義される。コンピュータによる支援のない時代には，期待する正味キャッシュフローの割引率は試行錯誤的に選び出すことによって見出していた。以下の計算例のように，キャッシュフローの現在価値が原投資額より高ければ，割引率は低すぎる。現在価値と原投資額とを等しくする割引率が内部利益率であるので，この投資案の利益率は，20％と22％の間でなければならない。

利益率	正味キャッシュインフローの現在価値	原投資額	正味現在価値
9 %	156,940	115,000	41,940
10 %	152,784	115,000	37,784
20 %	119,438	115,000	4,438
22 %	112,790	115,000	(2,210)

現在は，金利計算諸表を内蔵するコンピュータソフトウエアの支援により割引率を自動的に算定することができる。内部利益率法を適用する場合には，次の点を考慮に入れておくべきである。この方法は，キャッシュフローが当該プロジェクトの内部利益率で再投資されることを前提にしている。このような前提は，現実的でないともいわれている。また，上の計算例のように割引率が高い場合に，経営管理者は，研究開発や製品開発といった長期的視点に立った管理思考をおろそかにするのではないかという懸念が指摘されるので，この方式を採用するさいにはこの点に留意する必要がある。

(4) 回収期間法

回収期間法は，年々のキャッシュインフローが原投資額に等しくなるまでに要する年数にしたがって各投資案の順位付けを行う。計算例を示せば，以下のようになる。

年	キャッシュインフロー	未回収額
0	(115,000)	115,000
1	40,000	75,000
2	40,000	35,000
3	30,000	5,000
4	40,000	0
5	54,000	

この投資案は，4年目にキャッシュインフローの40,000千円のうち5,000千円を回収すれば（12.5％），投資額すべてが回収される。したがって，回収期間は3.125年である。複数の投資案があれば，一層少ない回収期間の方を選択することになる。

この方法は，収益性の尺度よりも流動性の尺度，つまり投下資本の回収に要する年数を示す。この方法は計算が簡便であるという面を持つものの，回収期間後のキャッシュフローや貨幣の時間価値を考慮しないため誤った投資決定へ

導くこともある。しかし，投資案の寿命が非常に長期にわたる場合，内部利益率の見積りに使用することがある。Schneider and Sollenberger によれば，20％以上のような高い利益率でプロジェクトの期間が回収期間の2倍以上の場合，たとえば100,000千円の投資に対し毎年20,000千円のキャッシュインフローおよび上記計算例における年数5年の2倍以上の12年を寿命とすれば，回収期間が5年（100,000／20,000）であり，その逆数は2／10（％）の20％となる。

金利計算表によれば12年と現在価値数値の5は，16％と17％の間の内部利益率を示すので，回収期間の逆数からの推測（20％）よりも少し低めの数字になる。だが，50年を超えるようなプロジェクト期間の年数になれば回収期間の逆数による見積りはほぼ完璧に内部利益率を示す[1]。

回収期間法は，計算の簡便性のほかに資金の迅速な回収を最も重視するような企業において有用性をもつことから，多くの企業が採用している。

（5） 会計的利益率法（ARR）

この方法は，平均投資利益率法とも呼ばれ，利益率の決定に一定の計算手続きを必要とする。一般的な公式は次のようになる。このフォーマットでは，残存価額をゼロとして計算してある。

図表11-3 会計的利益データのフォーマット

年	キャッシュフロー	減価償却費	会計的利益	投資残高	平均投資額*
現在	(115,000)			(115,000)	
1	40,000	23,000	17,000	92,000	103,500
2	40,000	23,000	17,000	69,000	80,500
3	30,000	23,000	7,000	46,000	57,500
4	40,000	23,000	17,000	23,000	34,500
5	42,000	23,000	19,000	0	11,500

*平均会計的利益＝(17,000＋17,000＋7,000＋17,000＋19,000)／5
　　　　　　　＝77,000／5
　　　　　　　＝15,400

---

(1) cf: R. S. Schmidgall and J. Damitio, "Current capital budgeting practices of major lodging chains," *Real estate review*, fall 1990, pp. 40-50, in A. Schneider and H. M. Sollenberger (2006) pp. 467-468.

平均投資額＝(103,500＋80,500＋57,500＋34,500＋11,500)／5
　　　　　＝287,500／5
　　　　　＝57,500
会計的利益率＝(15,400／57,500)×100
　　　　　　＝26.78％

＊ 投資残高は，前年度の投資残高から当該年度の減価償却費を控除したものである。平均投資額は，前年度の投資残高に当該年度の投資残高を加えて平均化したものである。

なお，会計的利益率の通常の計算法は，以下のようにしている。

(年々の平均営業キャッシュインフロー－投資額の年度減価償却費)／平均投資額

| 原投資額 | 115,000 | 残存価額 | 0 |
| 減価償却費 | 23,000 | プロジェクトの期間 | 5年 |

平均キャッシュインフロー＝(40,000＋40,000＋30,000＋40,000＋42,000)／5
　　　　　　　　　　　＝38,400
会計的利益率＝(38,400－23,000)／(115,000÷2)
　　　　　　＝15,400／57,500
　　　　　　＝26.78％（少数点以下第3位四捨五入）

この方法は，回収期間法同様に簡便な計算法であるが，投資計画の全期間のキャッシュインフローを計算対象としている点において回収期間法より優れている。だが，貨幣の時間価値つまりキャッシュフローよりも正味の利益をベースとした計算法であるため，初期の年度において高い利益を出しているにもかかわらず平均投資利益率が低いことによりこの投資案が拒否されるということも起こりうる。

企業は，内部の期間的報告書を発生主義会計に依存するかたちで作成しているので，稼働資産が古くなればなるほど計上利益率が増大する傾向をみせる。会計的利益率法は，この観点とかかわることになるので，以下のような問題を抱えることになる。

年	平均投資額	投資案の正味利益	会計的利益率
1	108,000	10,000	9.3
2	84,000	10,000	11.9
3	60,000	10,000	16.7
4	36,000	10,000	27.8
5	12,000	10,000	83.3

平均投資には簿価を用いて，減価償却費の計算には残存価額ゼロとして定額

法（120,000／5），投資案のキャッシュインフローには年々一定額の利益を，さらに利益率の計算には四捨五入を採用している。この計算結果から，管理者は古い機械を使用し続けることで業績報告を良くみせることができるということがわかる。それ故に，この方法によれば生産性の高い機械への投資が先送りされる可能性があると指摘されることになる。このことは，管理者の報酬が発生主義会計における業績報告に基づいて査定される場合に明確にあらわれるであろう。

資本投資決定の評価法について述べてきたが，ホスピタリティ企業での各評価法の使用頻度についての調査結果がSchneider and Sollenbergerの著書に示されているので，それを紹介することにする。

アメリカにおける大規模のロッジ経営チェーンの資本投資決定に関する調査によると，図表11-4にみるように，複数の方法が使用されているという状況をつかむことができる。回収期間法は使用頻度が比較的高いものの主要な情報としてではなく，補助的な情報を与えるものとして使用されていると報じている。なお，前回の調査に比べ内部利益率法が3倍に，現在価値法が2倍に増加し，回収期間法はわずかに減少の傾向にあると述べている。

図表11-4　大規模ロッジ経営チェーンの資本投資決定における評価法

（採用頻度）

投資案	会計的利益率法	回収期間法	現在価値法	内部利益率法
資産取替	13％	46％	19％	35％
設備更新	17	35	28	44
設備拡張	20	39	37	57
財産取得	15	37	46	57

さらに，他国へ投資する場合には，カントリーリスクが重要な要素になるので投資評価を上のような公式に基づいて行うことは少ないようである。国際リスクを十分に保証できるほどに期待利益率が比較的に高いことを条件に決定が行われるということを示すデータがある。

3．資本コスト

時間価値の概念に依拠する資本投資決定の評価法においては，キャッシュフローに対して割引率を適用してきた。この割引率を代表するものが資本コスト

である。企業は通常各種の資金源から調達した資金をもって投資する。これらの調達した資金のコストと量は，通常資金源泉ごとに異なるであろうし，総資金額のコストに影響を与える。こうした相対的な関係は，加重平均資本コストの概念を導入するさいの基礎を与えている。加重平均資本コストは，次のように計算する。

図表11-5　平均資本コストの計算

	簿　価	構成比	税引後コスト	加重平均コスト
社債発行	10,000	20％	8％	1.6％
優先株	5,000	10	12	1.2
普通株	20,000	40	6	2.4
留保利益	15,000	30	6	1.8
合　計	50,000	100％		7.0％

加重平均資本コストは，資金源泉ごとに計算されたコスト（％）をすべて加えて算定される。この計算例で，資本コストは7.0％ということになる。

③ 貨幣の時間価値と利子要素

　設備投資の意思決定に関して貨幣の時間価値は重要な概念である。貨幣の時間価値とは，時間の経過とともに貨幣価値が変化することをいう。たとえば，現在の100万円は年利率3％の預金に預け入れると，1年後に103万円となるように，時間により3万円増加したことになる。資本投資決定においてこの時間価値の尺度をあらわす資本コストは，利子要素を基軸にして形成されるので，以下では利子要素の考え方について考察することにしたい。利子に関係する公式として基本的に四つある。

1．複　利　合　計

　手元にある現金を金融機関に預金をすると，通常1年後には利払いが行われる。預け入れたときの一定の金額を元金という。この元金に1年後の利息を加えて得た金額を元利合計と称し，この年度ごとの元利合計に年利率を掛けて一定期間計算していくと合計金額が得られる。この合計金額を複利合計という。これを公式で示すと，次のようになる。

S＝元利合計　P＝元金　i＝利子率　n＝年数　とすれば
S＝P＋Pi となるから，n 年後の複利合計を Sn とすると
$S_n = P(1+i)^n$

i と n の関係は，所与であるから，あらかじめ金利計算表を作成しておくことができる。$(1+i)^n$ を利子係数（interest factor：IF）とすれば，複利合計を計算するための利子係数は，複利表によって示すことができる。

設例：あなたが，1年ごとの複利で利子率3％の利息を支払う財団に1,000万円を預金すると，5年後の元利合計はいくらになるか。万円未満は四捨五入する。

複利計算

年度	元金	× (1+i)	＝ 元利合計
1	1,000（万円）	1.03	1,030
2	1,030	1.03	1,061
3	1,061	1.03	1,093
4	1,093	1.03	1,126
5	1,126	1.03	1,160

複利計算は，上表のようになるが，5年後の元利合計を算出するのに利子係数を用いれば面倒な計算手続きが必要でなくなる。

複利表より年利率3％の列と年数の行の5年が交差するところの数値が利子係数：IF となる。この場合の IF は，1.159 であるから，

　　S＝1,000×1.159
　　　＝1,159 万円となる。

上表の計算例より1万円低い数字が出ているのは，複利表では，5年度の利子係数において四捨五入でなく小数点3位未満は切り捨ての調整を行っていることによる。

2．現　在　価　値

現在価値は，複利の逆計算として求められる。将来の現金額に等しい現時点での現金価値を現在価値と呼んでいる。これには，将来の現金額を現時点まで割引き計算を行って現在価値を求める必要がある。これを公式で示せば，以下のようになる。

$$P = S / (1+i)^n$$
$$= S \times [1/(1+i)^n]$$
$$= S \times IF$$

$1/(1+i)^n$ の利子係数は，現価係数という。

設例：5年後の1,159万円は，年利率3％の複利で現在いくら預金したに等しいか。

現価係数表において，3％の列と年数5の行の交差するところを見れば，0.863であることがわかる。したがって，現在価値Pは，1,159×0.863＝1,000万円となる。

3．年金の複利計算

年金とは，一定額の金額を特定年数にわたり継続的に支払うことをいう。年金の元利合計をSp，毎期の現金収入をC，および年金の受け取り期間を5年とすると，次の式を得る。

$$Sp = C_1(1+i)^{n-1} + \cdots\cdots + C$$
$$= C[(1+i)^{n-1} + \cdots\cdots (1+i) + 1]$$

となる。

カッコ内の利子係数は，年金終価係数表によって示される。

設例A：年300万円を5年間にわたり受け取る年金の全額を，年利率3％の複利預金に毎年預け入れるすれば，5年後にはいくらの金額になるか。

3％で5年の年金終価係数は，5.309であるから

$$Sp = 300 \times 5.309$$
$$= 1,592.7 \text{万円となる。}$$

5ヵ年年金の積み立て合計は，1,592万7,000円となる。

設例B：6年後にマイホームを持ちたいと考えているが，資金不足が予想される。その資金の不足1,000万円を得るために，今後5年間に年3％の定期預金に毎年いくらずつ預金する必要があるか。利子係数は，5.309である。

$$C = Sp / IF$$
$$= 1,000 / 5.309$$
$$= 188.4 \text{万円となる。}$$

4. 年金の現価

毎年末に一定額の年金を受け取る場合，この年金の現在価値を求める公式は次のようになる。

$$Sp = R/(1+i) + \cdots + R/(1+i)^n$$
$$= R[1/(1+i) + \cdots + 1/(1+i)^n] \quad となる。$$

括弧のなかの利子係数は，年金現価係数という

毎年100万円の10ヵ年年金収入を年利3％の複利預金に預けることにしている。この場合の年金現価は，次のように計算すればよい。

この場合の年金現価係数は，8.530であるから

$$Sp = R \times IF$$
$$= 100 \times 8.530$$
$$= 853 万円 \quad となる。$$

設例A：1,000万円の遺産を年利率3％の複利預金に預けている。この遺産を今後4年間の留学の生活費として全部使いたい。毎年いかほどの一定額を引き出して使えるか。

3％で4年の年金現価係数は，3.717であるから

$$R = Sp/IF$$
$$= 1,000/3.717$$
$$= 269 万円$$

したがって，毎年269万円が使える。

設例B：年300万円の10カ年年金は，年利率3％の複利預金に毎年預けることにしている。しかし，一括払いも認められているので，年金との二者択一をしなければならない。あなたは，2,490万円の一括払いを受け取る場合にはタンス預金に充てたいと考えている。どちらの方の受取額が大きいか判断してください。

3％で10年の年金現価係数は，8.530であるので

$$Sp = 300 \times 8.530$$
$$= 2,559 万円となる。$$

300万円の年金を貰い続ければ，その現在価値は2,559万円になるので，この方が有利である。

3 貨幣の時間価値と利子要素　191

(例　題)

　石富国際ホテルは，将来は年間100,000人の予約があると予想している。現在使用中の機械は10,000,000円で購入しているが，将来の顧客増に備えて予約システムの機械に取り替えようとしている。現有の機械の法定耐用年数は10年であるが，残存価額を1,000,000円と見積もってある。使い始めてから既に5年経過している。この機械の現在の販売価格は，4,000,000円である。

　これに対し，新しい機械の購入価格は15,000,000円で，耐用年数を5年，残存価額を1,500,000円と見積もる。新旧の機械それぞれの今後5年間の毎年の運用コストは，以下のとおりである。

	旧い機械	新しい機械
変動費：	顧客一人当たり300円	顧客一人当たり250円
固定費：	5,000,000円	4,000,000円

　減価償却は定額法，税率40％，資本コスト14.0％として計算し，以下の質問に答えなさい。

(1) キャッシュフロー表を作成しなさい。
(2) 現在価値法，内部利益率法，回収期間法，および会計的利益率法により投資意思決定をしなさい。

解　答：

(1) 機械の取り替えに伴うキャッシュフロー表（単位千円）

キャッシュフロー	現時点	新しい機械の耐用年数					
		1年後	2年後	3年後	4年後	5年後
新しい機械	15,000					
旧機械の売却額	4,000					
残存価額の増加						500
節減額：						
変動費		5,000	5,000	5,000	5,000	5,000
固定費		1,000	1,000	1,000	1,000	1,000
税の増加		1,600	1,600	1,600	1,600	1,600
正味キャッシュフロー	11,000	4,400	4,400	4,400	4,400	4,900

注：
残存価額の増加＝新しい機械の残存価額－旧機械の残存価額

$$= 1,500 - 1,000$$
変動費節減額 $= (300 - 250) \times 100,000$ 人
固定費節減額 $= 5,000 - 4,000$
税増加額 $=$（変動費節減額＋固定費節減額－減価償却費増加額）×税率
$$= (5,000 + 1,000 - 2,000) \times 0.4$$
減価償却費増加額＝新しい機械の年間減価償却費－旧機械の年間減価償却費
$$= (15,000 \div 5) - (10,000 \div 10)$$
$$= 2,000$$

　減価償却費は，残存価額を無視して計算している。

（2）評価法
①現在価値法

		新しい機械の耐用年数				
キャッシュフロー	現時点	1年後	2年後	3年後	4年後	5年後
正味キャッシュフロー	11,000,000	4,400,000	4,400,000	4,400,000	4,400,000	4,900,000
資本コスト（14％）	×1.000	×0.877	×0.769	×0.675	×0.592	×0.519
現在価値	11,000,000	3,858,800	3,383,600	2,970,000	2,604,800	2,543,100
現在価値合計	15,360,300					
正味現在価値	4,360,300					

　この投資案は，正味の現在価値が正を示しているので，採択される。

②内部利益率法
　試行錯誤法によれば，以下のようになる。
　　　　　　　　26％　　　　28％
　現在価値　　228,700　　－220,100

　内部利益率は，26％から28％の間に存在する。端数がないように算定すると，27％になる。

③回収期間法
　キャッシュフロー表によれば，年々のキャッシュインフローが4年後まで一定額を示しているので，以下のような計算をすればよい。

　　回収期間＝初期投資額÷年々のキャッシュインフロー
　　　　　　＝11,000,000÷4,400,000
　　　　　　＝2.5年

④会計的利益率法

この評価法は，会計制度に基づいて利益や費用を認識するので，この問題においては変動費と固定費の節減額を利益として認識することになる。これに対し，減価償却費の増加額と税の増加額は費用として認識することになる。なお，この問題の固定費は，現金支出費用であるから減価償却費が含まれない。

会計的利益率＝(変動費節減額＋固定費節減額－減価償却費増加額－税増加額)／[(初期正味キャッシュフロー＋増加残存価額)÷2]
　　　　　＝(5,000,000＋1,000,000－2,000,000－1,600,000)／[(11,000,000＋500,000)÷2]
　　　　　＝2,400,000／5,750,000
　　　　　＝41.74％

資本コストの14％あるいはそれを若干超える程度の投下資本利益率を目標にする場合でも，この投資案は，採択されるであろう。

問題（1）

精華ホテルは，瓶詰めのウィスキーと割り氷を泊り客に注文があれば有料で提供してきた。開業以来このサービスは利益が出ていない。年平均の売上高は，ウィスキーが1,340,000円，割り氷が120,000円である。売上原価は，ウィスキーと氷を合わせて1,100,000円で，人件費が530,000円であった。

そこで，ホテルは，瓶詰めのウィスキーの自動販売機の導入を検討している。自動販売機を提供する会社は，機械を無料で取り付けし，取り付け後当該機械での売上高の10％をホテルに支払い，残りをすべて収得する。自動販売機を設置することによって，ホテル側の売上高は将来も現在と変わらないものの，人件費が削減できるとみる。一方，ホテル側は，それに伴って割り氷の自動販売機を購入しなければならない。割り氷はホテルの利用者に無料で提供する。機械の購入価格は600,000円で，5年後の処分価額は50,000円と見積る。減価償却費は定額法による。年間の機械の維持費は35,000円で，所得税率は35％である。次の設問に答えなさい。

（1）ARR（会計的利益率）を計算しなさい。
（2）回収期間を計算しなさい。
（3）現在価値法に基づいて割り氷の自動販売機の投資提案の可否を判断

しなさい。割引率は9％として計算してください。9％の割引率は，以下のとおりである。(単位：円)

年	9％の割引率		
1	0.9174	4	0.7084
2	0.8417	5	0.6499
3	0.7722		

解　答：

(現状)

売上高：ウィスキー	1,340,000円	
割り氷	120,000	
総売上高		1,460,000円
費用：売上原価	1,100,000	
人件費	530,000	
総費用		1,630,000
営業損失		170,000円

(投資案)

営業損失の回避	170,000円	
売上収入 (1,340,000×10％)	134,000	
総収入		304,000円
減価償却費 [(600,000−50,000)／5]	110,000	
維持費	35,000	
総費用		145,000
増加利益 (税引前)		159,000
所得税 (159,000×35％)		55,650
純利益		103,350円

(問1)　ARR： 103,350／[(600,000＋50,000)／2]＝103,350／325,000
　　　　　　　　　　　　　　　　　　　　　　　　　　　＝31.8％

(問2)　回収期間：600,000／(103,350＋110,000)＝600,000／213,350
　　　　　　　　　　　　　　　　　　　　　　　　　　＝2.81年

(問3)　現在価値法：

年	キャッシュインフロー	9％の割引率	現在価値
1	213,350円	0.9174	195,727円
2	213,350	0.8417	179,577
3	213,350	0.7722	164,749
4	213,350	0.7084	151,137
5	263,350	0.6499	171,151

現在価値合計	862,341
原投資額	(600,000)
正味現在価値	262,341 円

この投資案は，原投資額を超える現在価値を生み出すので，採択される。

問題（2）

　会社のオーナーとして，あなたは 6,000,000 円で設備を購入すべきかレンタルにするべきかを決定しなければならない。購入する場合，この額のうち 1,500,000 円を現金払い，残額は銀行からの借入金で賄う。この借入金については，5 年間にわたって元金を毎年均等額の分割で支払うとともに，毎年 10％ の利子を支払う必要がある。設備の耐用年数は 5 年，残存価額を 600,000 と見積もって定額法によって減価償却する。レンタルの場合，設備のレンタル料を 5 年間にわたり年 1,600,000 円を支払う。税率は 35％，割引率は 9％である。どちらの案が優れているかの経済性計算を行い，両案とも端数のない数字で答えなさい。割引率は前問の設問（3）で示しているので，それを用いて計算してください。（単位：円）

解　　答：

(1) 借入金の返済計画

年	利息	元本	残高
0		1,500,000	4,500,000
1	450,000	900,000	3,600,000
2	360,000	900,000	2,700,000
3	270,000	900,000	1,800,000
4	180,000	900,000	900,000
5	90,000	900,000	0

(2) 購入案のキャッシュフロー表

	機械の耐用年数				
	1 年	2 年	3 年	4 年	5 年
支払利息	450,000	360,000	270,000	180,000	90,000
減価償却費	1,080,000	1,080,000	1,080,000	1,080,000	1,080,000
小　計	1,530,000	1,440,000	1,350,000	1,260,000	1,170,000
税節約（35％）	(535,500)	(504,000)	(472,500)	(441,000)	(409,500)

小　　計	994,500	936,000	877,500	819,000	760,500
加算：元本	900,000	900,000	900,000	900,000	900,000
控除：減価償却費	(1,080,000)	(1,080,000)	(1,080,000)	(1,080,000)	(1,080,000)
控除：残存価額					(600,000)
正味キャッシュアウトフロー	814,500	756,000	697,500	639,000	(19,500)

(3) 現在価値法

購入案

年	年々のキャッシュアウトフロー	（利子要素9％）	
0	1,500,000		1,500,000
1	814,500	0.9174	747,222
2	756,000	0.8417	636,325
3	697,500	0.7722	538,610
4	639,000	0.7084	452,668
5	(19,500)	0.6499	(12,673)
	正味現在価値		3,862,152

レンタル案

年	年々のキャッシュアウトフロー	（利子要素9％）	
0			
1	1,040,000	0.9174	954,096
2	1,040,000	0.8417	875,368
3	1,040,000	0.7722	803,088
4	1,040,000	0.7084	736,736
5	1,040,000	0.6499	675,896
	正味現在価値		4,045,184

・レンタル案における年々のキャッシュアウトフローの算出法は，次のようになる。

1,600,000 − (1,600,000 × 0.35) = 1,040,000

結　論

　購入計画を選択する。なぜなら，購入案のキャッシュアウトフローの現在価値は，レンタル案のそれよりも183,032円（＝4,045,184 − 3,862,152）低いからである。

第12章 キャッシュフローと運転資本分析

１ キャッシュフロー分析

　前章において，現金の流入と流出の流れに少し触れてきた。損益計算書や貸借対照表は，非現金売上高や非現金支出費用を含む発生主義会計で計算されたものであるので，営業期間において生じた現金流入や現金流出を明確に示していない。キャッシュフロー計算書は，三つの分野，つまり営業，投資，および財務の分野で生じた現金収支の結果を分野別に計算して報告することを目的としている。簡潔な計算例を示せば，以下のようになる。次に示す財務諸表のフォーマットは，外部報告用でなく内部管理用の計算書である。

図表 12-1　要約損益計算書（2012 年度）

科　　目	金　　額（単位：円）	
売上高		7,472,500
売上原価		2,585,200
売上総利益		4,887,300
販売費・その他営業費	2,215,800	
直接管理費	1,811,800	
直接販売費・一般管理費合計		4,027,600
貢献利益		859,700
減価償却費	158,800	
支払利息	63,700	
その他固定費合計	474,900	
固定費合計		697,400
経常利益		162,300
法人税等		23,900
税引後純利益		138,400

図表12-2　比較貸借対照表（2011年度および2012年度）

科　目	2011	2012	増加	減少
資産				
流動資産				
現金および預金	27,100	31,700	4,600	
受取手形	15,600	13,000		2,600
未収入金	4,900	4,100		800
棚卸資産	9,200	8,200		1,000
貯蔵品	3,900	4,300	400	
流動資産合計	60,700	61,300	600	
固定資産				
建物	10,410,900	10,410,900		0
設備装置	787,500	811,500	24,000	
備品	200,000	200,000		0
減価償却累計額	(2,710,000)	(2,857,600)	(147,600)	
土地	210,000	210,000		0
有形固定資産合計	8,898,400	8,774,800		123,600
投資有価証券	610,000	700,000	90,000	
固定資産合計	9,508,400	9,474,800		33,600
資産合計	9,569,100	9,536,100		33,000
負債および純資産				
流動負債				
買掛金	15,600	18,800	3,200	
短期借入金	15,400	16,100	700	
リース債務	4,300	5,000	700	
未払費用	6,000	5,600		400
流動負債合計	41,300	45,500	4,200	
固定負債				
長期借入金	8,106,000	8,100,000		6,000
負債合計	8,147,300	8,145,500		1,800
純資産				
資本金	1,010,000	1,000,000		10,000
利益剰余金	411,800	390,600		21,200
純資産合計	1,421,800	1,390,600		31,200
負債および純資産合計	9,569,100	9,536,100		33,000

以上の財務諸表のモデルにしたがって，キャッシュフロー計算書を作成する

手続きを示すことになる。

図表 12-3　剰余金計算書
(2012 年度期末)

利益剰余金，2011	411,800
純利益，2012	138,400
合　計	550,200
現金配当，2011	(159,600)
利益剰余金，2012	390,600

図表 12-4　営業活動によるキャッシュフロー

営業活動キャッシュフローに対する純利益調整		
営業からの純利益		138,400
未収入金（減少）	800	
受取手形（減少）	2,600	
棚卸資産（減少）	1,000	
貯蔵品（増加）	(400)	
買掛金（増加）	3,200	
リース債務（増加）	700	
未払費用（減少）	(400)	
減価償却費	147,600	
修正後正味キャッシュフロー		155,100
営業活動からのキャッシュフロー		293,500

図表 12-5　投資活動によるキャッシュフロー

キャッシュフロー調整		
設備装置の購入	(26,000)	
設備装置の売却	2,000	
投資有価証券購入	(120,000)	
投資有価証券売却	30,000	
投資活動によるキャッシュフロー		(114,000)

図表 12-6　財務活動によるキャッシュフロー

キャッシュフロー調整		
長期借入金の圧縮	(15,400)	
長期の新規借入金	10,100	
株式の買い戻し	(10,000)	
配当金支払い	(159,600)	
財務活動によるキャッシュフロー		(174,900)

財務活動のフローについて，若干説明を加える必要がある。長期借入金の圧

縮 15,400 は，2011 年度の短期借入金残高 15,400 を長期借入金返済の一部に充当したことによる。一方，貸借対照表をみると長期借入金が 2012 年度に 6,000 減少しているが，この分は当該新規の借入金 10,100 と合わせて短期借入金（16,100）に組み替えたことによる。なお，2012 年度中に，10,000 の株式買い戻しと 159,600 の配当金の支払いが行われている。

上記の一連の計算書をまとめると，以下のキャッシュフロー計算書となる。

図表 12-7　キャッシュフロー表

純利益		138,400
未収入金（減少）	800	
受取手形（減少）	2,600	
棚卸資産（減少）	1,000	
貯蔵品（増加）	(400)	
買掛金（増加）	3,200	
リース債務（増加）	700	
未払費用（減少）	(400)	
減価償却費	147,600	
正味キャッシュフロー調整		155,100
営業活動によるキャッシュフロー		293,500
投資活動によるキャッシュフロー		
設備装置の購入	(26,000)	
設備装置の売却	2,000	
投資有価証券の購入	(120,000)	
投資有価証券の売却	30,000	
投資活動キャッシュフロー		(114,000)
財務活動によるキャッシュフロー		
借入金の圧縮	(15,400)	
長期の新規借入金	10,100	
株式の買い戻し	(10,000)	
支払い配当金	(159,600)	
財務活動キャッシュフロー		(174,900)
正味キャッシュフローの増加		4,600
現金残高，2011 年度期末		27,100
現金残高，2012 年度期末		31,700

② 運転資本分析

1. 運転資本分析の意義

　運転資本は，流動資産から流動負債を差し引いた差額をいう。運転資本は，事業が拡大し売上高が増大するにつれて棚卸資産や売上債権が増加していく傾向にあるため，しばしば重要な意思決定問題となりうる。運転資本へ充当するための資金の調達は，このような理由により，恒常的な活動となるだけでなく，売上高の変動による影響をまともに受ける。JIT システムでは，棚卸資産の削減効果によりこの問題をある程度避けることができるが，そうでない場合にはリスクを避けるために安全率を考慮に入れて見積ることが望まれる。だが，安全率は，恒常的に一定の資金を拘束することを意味するから機会原価つまりコストを発生させる。したがって，運転資本管理にとってコストとリスクとのトレードオフの関係を分析することは重要である。他方，ハイリターンの期待できる固定資産への投資を避けて安全な流動資産を保有すれば，それは収益性のレベルを引き下げる効果をもつので安全性と収益性との間にもトレードオフの関係が存在する。

　このようなトレードオフの関係を考慮しながら，①流動資産の保有水準および各種の流動資産項目の組み合わせ，②流動資産に充てる資金の調達源泉に関する意思決定の妥当性を探し出すことに運転資本管理の主たる目的がある。

　運転資本の分析は，キャッシュフロー表の作成法と類似している運転資本変化の計算書を必要としている。この計算書を資金運用表と称して，基本的に次の関係をあらわす。以下では，ホスピタリティ産業をモデルにした主要な資金の源泉と資金の使途の関係について示すことにする。

資金の源泉	関係する相手勘定	資金の使途
固定負債の増加		固定負債の減少
利益の発生	｛流動資産	損失の発生
非現金費用	流動負債｝	株式の買い戻し
株式の発行		配当金の支払い
固定資産または 　非流動資産の売却		固定資産または 　非現金資産の購入

2．資金運用表の作成

資金運用表を作成するためには，比較貸借対照表，損益計算書，および剰余金計算書が必要になる。以下に示す簡潔な財務諸表のフォーマットは，外部報告用のものでなく内部管理用のものである。

図表 12-8　比較貸借対照表　　（単位：千円）

	2011		2012	
流動資産				
現金及び預金	20,000		24,000	
未収入金	4,000		4,000	
受取手形	6,000		12,000	
棚卸資産	6,000		8,000	
流動資産合計		36,000		48,000
固定資産				
建物	500,000		500,000	
設備装置	56,000		64,000	
備品	14,000		16,000	
土地	60,000		60,000	
小計	630,000		640,000	
減価償却累計額	(30,000)		(54,000)	
固定資産合計		600,000		586,000
資産合計		636,000		634,000
流動負債				
買掛金	8,000		10,000	
短期借入金	22,000		16,000	
リース債務	0		8,000	
流動負債合計		30,000		34,000
固定負債				
長期借入金		370,000		350,000
純資産				
資本金	200,000		210,000	
利益剰余金	36,000		40,000	
純資産合計		236,000		250,000
負債および純資産合計		636,000		634,000

図表 12-9　要約損益計算書
(2012 年度期末)

売上高	200,000
変動費	(164,000)
貢献利益	36,000
減価償却費	24,000
純利益	12,000

図表 12-10　剰余金計算書
(2012 年度期末)

期首利益剰余金	36,000
純利益（加算）	12,000
小計	48,000
支払配当金（控除）	(8,000)
期末利益剰余金	40,000

期中取引

a. 設備装置購入：6,000
b. 備品購入：4,000
c. 長期借入金を現金支出に充当：20,000
d. 新発行株式の売却による資金調達：10,000
e. 現金配当金の支払い：8,000

　上記三つの財務諸表と期中取引のデータに基づいて，運転資本の変動を以下でみていくことにする。

① 流動性勘定科目の変動
　2012 年度期末：流動資産－流動負債＝運転資本
　　　　　　　　　48,000　　34,000　　14,000
　2011 年度期末：流動資産－流動負債＝運転資本
　　　　　　　　　36,000　　30,000　　 6,000
　以上のデータより
　2012 年度期末運転資本－2011 年度期末運転資本＝運転資本増減
　　　　　14,000　　　　　　　6,000　　　　　　8,000 増加
② 固定性勘定科目の変動

a. 固定資産

比較貸借対照表において，設備装置8,000，備品2,000，合わせて10,000が増加している。これに対し，期中取引として設備装置6,000，備品4,000を購入しているため，10,000の運転資本減少となる。

b. 固定負債

長期借入金の減少が20,000であるので，運転資本の減少となる。

c. 純資産

新株発行による資金調達により，10,000の運転資本増加となる。

d. 剰余金

現金配当により，8,000の運転資本の減少となる。これに対し，純利益が12,000，減価償却費が24,000である。減価償却費は，会計制度上の非現金支出費用であるから，現金流入とする修正仕分けが必要になる。これを含む純利益の合計36,000は運転資本の増加となる。

以上の各勘定科目の金額の変動を資金運用表にして示せば，次のようになる。

図表12-11　資金運用表（2012年度期末）

資金源泉		
純利益	36,000	
発行株式	10,000	
合計		46,000
資金使途		
購入設備装置	6,000	
購入備品	4,000	
長期借入金返済	20,000	
支払配当金	8,000	
合計		(38,000)
運転資本増加		8,000

資金運用表は，みられるように，正味運転資本の増減をもたらす変動と変化の原因をつかむことができても，流動資産や流動負債に属する個別の勘定科目の変化をつかむことができない。

（1）　キャッシュフローおよび運転資本の比率分析

ここまでは，現金および運転資本の流れを取り上げ，キャッシュフロー表と

資金運用表の作成法について簡潔に述べてきた。以下では，この財務諸表の活用を重視する Jagels が有意味な比率分析を提示しているので，これについて簡単に述べることにする。

① キャッシュフロー比率＝営業キャッシュフロー／総負債（期中平均）
$$= 293,500 / \{(8,147,300 + 8,145,500) \div 2\} (\times 100)$$
$$= 3.6\%$$

② 運転資本比率＝運転資本増加／流動資産（期中平均）
$$= 8,000 / \{(36,000 + 48,000) \div 2\}$$
$$= 19.0\%$$

上記の指標は，いずれも流動性をみる指標であるが，なかでも前者は支払い能力を判断する場合に有効である。通常は 20％以上が望ましい水準といわれるので，3.6％では異常に低いことがわかる。このような場合，貸付金などを提供する債権者は担保物件に関心を示すことになるであろう。同様のことは，運転資本比率にもいえる。この指標は，換言すれば，総流動資産に占める正味運転資本の割合をみるもので，流動比率とも関連する。つまり，この比率が低いことは，流動比率が比較的悪いことを示すので，債権者に不安を与えるであろう。

③ 支払利息倍率＝（営業キャッシュフロー＋支払利息）／支払利息
$$= (293,500 + 63,700) / 63,700$$
$$= 560.8\%$$

高い倍率は，利子の支払能力の高いことを示すので，債権者には歓迎されるであろう。

④ 売上高営業キャッシュフロー比率＝営業キャッシュフロー／売上高
$$= 293,500 / 7,472,500$$
$$= 3.9\%$$

通常の損益計算に基づく指標が利益／売上高＝138,400／7,472,500＝1.9％となるのに対し，キャッシュフロー比率は，現金移動を示す指標であるから，より現実的な姿を映し出している。

問題（1）

佐藤ホテルは 2 年間の貸借対照表，損益計算書および剰余金計算書を揃え

ている。運転資本勘定の増減表と資金フローの変動表を作成しなさい。

貸借対照表（3月31日）　　　　（単位：千円）

	2011年	2012年
資　産		
現金及び預金	4,800	5,800
売掛金	5,500	6,000
棚卸資産	3,500	4,100
短期貸付金	8,000	7,000
リース投資資産	1,300	1,600
建物および構築物	161,000	161,000
工具什器備品	23,500	27,400
減価償却累計額	(59,660)	(73,000)
土　地	41,000	41,000
資産合計	188,940	180,900
負債および純資産		
買掛金	7,800	7,600
未払費用	900	1,400
リース債務	2,500	2,000
短期借入金	12,100	11,300
長期借入金	97,440	86,140
資本金	52,000	52,000
利益剰余金	16,200	20,460
負債純資産合計	188,940	180,900

損益計算書（2012年3月31日）

売上高	233,000
直接業務費用合計	199,000
貢献利益	34,000
減価償却費	13,340
支払利息	9,200
法人税等税	3,540
固定費合計	26,080
純利益	7,920

剰余金計算書（2012年3月31日）

利益剰余金	16,200
純利益	7,920
合　計	24,120
現金配当	3,660

| 利益剰余金 | | | 20,460 | | |

解答

① 運転資本項目増減表（2012年3月31日）

流動資産	2011	2012	運転資本増加	運転資本減少
現金及び預金	4,800	5,800	1,000	
売掛金	5,500	6,000	500	
棚卸資産	3,500	4,100	600	
短期貸付金	8,000	7,000		1,000
リース投資資産	1,300	1,600	300	
合　計	23,100	24,500	2,400	1,000
流動負債				
買掛金	7,800	7,600	200	
未払費用	900	1,400		500
リース債務	2,500	2,000	500	
短期借入金	12,100	11,300	800	
合　計	23,300	22,300	1,500	500
運転資本増減額合計	(200)	2,200	3,900	1,500
正味運転資本増加額				2,400
			3,900	3,900

② 運転資本運用表（2012年3月31日）

　　資金の源泉
　純利益　　　　　　　7,920
　減価償却費　　　　 13,340
　　合　計　　　　　　　　　　21,260
　　資金の使途
　工具什器備品の購入　3,900
　長期借入金返済　　 11,300
　現金配当　　　　　　3,660
　　合　計　　　　　　　　　　18,860
　正味運転資本の増加　　　　　 2,400

（注）
・工具什器備品の購入額：27,400 − 23,500 ＝ 3,900
・減価償却費：73,000 − 59,660 ＝ 13,340
・長期借入金は，毎年一定額を返済する。

問題（2）

磯原ホテルの2期間貸借対照表と3月31日末の追加情報が示されている。2007年末のキャッシュフロー計算書を間接法によって完成させなさい。（単位：千円）

2期間貸借対照表（2007年3月31日）

	2006年	2007年
資　産		
流動資産		
現金および預金	23,100	36,500
棚卸資産	8,910	3,490
短期貸付金	11,100	9,960
未収入金	8,100	7,210
有価証券	9,200	8,200
流動資産合計	60,410	65,360
固定資産		
建物および構築物	7,800,000	7,800,000
工具什器備品	890,000	922,900
減価償却累計額	(3,100,000)	(3,221,500)
土　地	310,000	310,000
投　資	370,400	382,100
固定資産合計	6,270,400	6,193,500
資産合計	6,330,810	6,258,860
負債および純資産		
流動負債		
買掛金	21,250	20,550
短期借入金	16,700	16,100
未払費用	7,300	8,150
未払法人税等	6,900	6,100
流動負債合計	52,150	50,900
固定負債		
長期借入金	5,228,700	5,173,550
控除：短期性借入金	(16,700)	(16,100)
固定負債合計	5,212,000	5,157,450
負債合計	5,264,150	5,208,350

純資産		
資本金	900,000	900,000
留保利益	166,660	150,510
負債純資産合計	6,330,810	6,258,860

追加情報

① 2007年度末決算の純利益は，109,450である。

② 什器は，21,050で売れた。

③ 新しい備品を53,950で購入した。

④ 2007年度末の減価償却費は，121,500である。

⑤ 2007年度末に125,600の配当金が支払われた。

解答

キャッシュフロー計算書　（2007年3月31日）

純利益		109,450
営業活動からのキャッシュフロー修正		
棚卸資産（減少）	5,420	
短期貸付金（減少）	1,140	
未収入金（減少）	890	
有価証券（減少）	1,000	
買掛金（減少）	(700)	
短期借入金（減少）	(600)	
未払費用（増加）	850	
未払法人税等（減少）	(800)	
減価償却費	121,500	
正味修正額		128,700
営業活動の正味キャッシュフロー		238,150
投資活動からのキャッシュフロー修正		
工具什器備品の販売	21,050	
工具什器備品の購入	(53,950)	
投資支出	(11,700)	
投資活動の正味キャッシュフロー		(44,600)
財務活動からのキャッシュフロー修正		
長期負債の減少	(54,550)	
現金配当支払	(125,600)	
財務活動の正味キャッシュフロー		(180,150)
正味キャッシュフロー増加		13,400

現金残高，2006 年 3 月 31 日　　　　　　　　　　　23,100
現金残高，2007 年 3 月 31 日　　　　　　　　　　　36,500

問題（3）

　石塚ホテルは，次年度の予算を編成している。固定費を 31,000,000 円と見積れば，貢献利益が 58 ％になると期待している。税引後利益で設定した目標利益は 21,000,000 円である。税率は 35 ％である。これらの前提に基づいて必要総売上高を決定しなさい。

解　答

　　　21,000,000 円／（1 − 35 ％）＝ 21,000,000／65 ％
　　　　　　　　　　　　　　　　　＝ 32,307,692 円
　　　31,000,000 円＋ 32,307,692 円／58 ％＝ 109,151,193 円
　したがって，必要売上高は，109,151,193 円となる。

問題（4）

　以下に示す磯中ホテルについての各種の資料に基づいて，最後尾に示す設問に答えなさい。

（1）売上高予算（四半期末 3 月 31 日）　（単位：千円）

予算／月	12 月	1 月	2 月	3 月
現金販売	24,600	25,400	29,200	31,500
委託販売	13,400	13,600	12,100	14,700
売上高合計	38,000	39,000	41,300	46,200

① 　委託販売での現金回収は，当月分について平均 80 ％，翌月分について平均 20 ％である。

② 　仕入原価は，総売上高の平均 40 ％である。この金額のうち 30 ％は商品購入時の月に現金で払われ，残りの 70 ％は翌月に支払われる。

（2）営業費予算（四半期末 3 月 31 日）

	1 月	2 月	3 月
給　料	13,100	14,200	15,100
レンタル料	2,500	2,500	2,500
保険料	200	200	200
水道光熱費	500	600	600
減価償却費	800	800	800

借入金利子	300	300	300
その他の費用	1,400	1,100	1,600
合　計	18,800	19,700	21,100

① 給与は現金で支払われる。
② レンタル料，水道光熱費，借入金利子およびその他の費用は，費用が発生する月に現金で支払われる。
③ 2,400の保険料は，年度の期首に1年分をまとめて支払う。
④ 借入金の元金の返済は各月1,000である。
⑤ 2月に新設備を現金払いで取得する。その金額は7,100である。その時に，旧設備を900で現金で引き取ってもらう。
⑥ 3月に，従業員に総額12,000のボーナスを支給することにしている。

以上の資料に基づいて，1月，2月および3月の現金予算を作成しなさい。ただし，1月の期首の銀行残高は，3,100である。

解　答

四半期の現金予算

	1月	2月	3月
期首現金残高	3,100	7,940	7,724
現金収入			
現金販売	25,400	29,200	31,500
委託販売回収			
当月分	10,880	9,680	11,760
前月分	2,680	2,680	2,420
設備の売却		900	
合計（利用可能現金）	42,060	50,400	53,404
現金支出			
業務活動			
現金仕入，当月分	4,680	4,956	5,544
現金支払，前月分	10,640	10,920	11,564
給　料	13,100	14,200	15,100
レンタル料	2,500	2,500	2,500
水道光熱費	500	600	600
支払利息	300	300	300
その他の費用	1,400	1,100	1,600

ボーナス支給			12,000
合　計	33,120	34,576	49,208

財務活動
設備購入		7,100	
ローン元金支払	1,000	1,000	1,000
合　計	1,000	8,100	1,000

総現金支出	34,120	42,676	50,208
期末現金残高	7,940	7,724	3,196

(注)

	委託販売に伴う現金回収	商品仕入れに伴う現金支出
1月：	$13,600 \times 80\% = 10,880$	$39,000 \times 40\% = 15,600 \times 30\% = 4,680$
12月分：	$13,400 \times 20\% = 2,680$	$38,000 \times 40\% = 15,200 \times 70\% = 10,640$
2月：	$12,100 \times 80\% = 9,680$	$41,300 \times 40\% = 16,520 \times 30\% = 4,956$
1月分：	$13,400 \times 20\% = 2,680$	$39,000 \times 40\% = 15,600 \times 70\% = 10,920$
3月：	$14,700 \times 80\% = 11,760$	$46,200 \times 40\% = 18,480 \times 30\% = 5,544$
2月分：	$12,100 \times 20\% = 2,420$	$41,300 \times 40\% = 16,520 \times 70\% = 11,564$

参考文献

Casado, M.A., *Hospitality Management Accounting*（Prentice Hall, 2005）
de Kluyver, Cornelis A. and John A.Pearce II, *Strategy:A View from the Top*（Prentice Hall, 2003）
Jagles, M.G., *Hospitality Management Accounting*（John Wiley Sons, 2007）
Kotas, R., *Management Accounting for Hospitality and Tourism*（An International Thomson Publishing Company, 1999）
Nykiel, R.A., *Hospitality Management Strategies*（Prentice Hall, 2005）
Schneider, A. and H.M. Sollenberger, *Managerial Accounting*（Thomson, 2006）
Weston, J.F. and E.F. Brigham, *Managerial Finance*（Rinehart & Winston, 1966）諸井勝之助訳『経営財務』Ⅰ，Ⅱ（東京大学出版会，1968，1970）
嶌村剛雄『経営分析の基礎』（中央経済社，1981）
服部勝人『ホスピタリティ・マネジメント原論』（丸善株式会社，2006）
松尾憲橘・菊池祥一郎編『管理会計論』（高文堂出版社，1983）
松尾憲橘・赤間良雄編『経営分析』（森山書店，1979）
吉村文雄『組織の会計論』（森山書店，2006）

索　引

あ　行

安全性分析 …………………………… 51
安全率 ………………………………… 79
EOQ モデル ………………………… 103
売上高差異モデル …………………… 110
運転資本 …………………………… 201
営業上のてこ作用 …………………… 80
ABM の管理思考 …………………… 139
ABC …………………………………… 131
ABC の計算プロセス ……………… 133

か　行

会計的利益率法（ARR）…………… 184
回収期間法 ………………………… 183
価格決定方法 ……………………… 151
活動基準管理（ABM）……………… 136
感度分析 ……………………………… 82
客室料金 …………………………… 170
キャッシュフロー計算書 ………… 197
キャッシュフロー比率 …………… 205
競争的決定法 ……………………… 153
共通費と連結原価（ジョイントコスト）
　………………………………………… 69
許容原価 …………………………… 144
限界利益 ……………………………… 79
原価企画 …………………………… 143
原価差異の分析 …………………… 125
原価の動態 …………………………… 64
原価標準 …………………………… 124

現在価値 …………………………… 188
貢献利益 …………………………… 170
効率性指標 …………………………… 53
コスト・ドライバー ……………… 133
固定費 ………………………………… 63
固定費と変動費の関係 ……………… 74
個別費用法 …………………………… 68
コミュニケーション的行為 ………… 3

さ　行

最高最低法 …………………………… 65
最適品質原価水準 ………………… 141
サービス ……………………………… 2
CVP 分析 …………………………… 73
資金運用表 ………………………… 202
資本コスト ………………………… 186
資本投資分析 ……………………… 180
収益管理 …………………………… 155
収益管理の目的 …………………… 157
収益性分析 …………………………… 50
収益率（yield）……………………… 156
収支分岐点 …………………………… 87
需要供給分析 ………………………… 36
需要の弾力性 ……………………… 175
準固定費 ……………………………… 63
準変動費 ……………………………… 63
正味現在価値法 …………………… 181
シングル料金 ……………………… 172
SWOT 分析 ………………………… 18
スループット時間 ………………… 136
生産性分析の方法 …………………… 56

215

設備投資効率 …………………… 57
セールスミックス ………… 160, 169
戦術的価格決定 ………………… 154
戦略的価格決定法 ……………… 154
戦略的管理の目的 ……………… 27
戦略的計画 ……………………… 13
戦略的思考 ……………………… 13
戦略の立案プロセス …………… 13
戦略の枠組み …………………… 8
操業度測定単位 ………………… 109
組織コントロール ……………… 93
損益分岐点の算定 ……………… 76

た 行

タスク・コントロール ………… 30
ダブル料金 ……………………… 172
短期利益目標の設定 …………… 99
調整機能 ………………………… 98
直接費と間接費 ………………… 69
デュポンシステム ……………… 48
動機付け管理 …………………… 93
投資案の評価方法 ……………… 181

な 行

内部利益率法 …………………… 182
年金の複利計算 ………………… 189

は 行

花形商品 ………………………… 166
パラダイムの変化 ……………… 12
パレート図 ……………………… 60
販売予算 ………………………… 101

PV 図表 ………………………… 77
非財務的尺度 …………………… 136
ビジョン …………………… 14, 29
標準原価管理 …………………… 123
比率分析法 ……………………… 48
品質原価 ………………………… 139
付加価値 ………………………… 55
複利合計 ………………………… 187
歩留管理 ………………………… 175
平均稼動率 ……………………… 37
変動費 …………………………… 63
変動予算 ………………………… 107
ホスピタリティ活動の管理 …… 30
ホスピタリティ産業 …………… 4
ホスピタリティの考え方 ……… 1
ボトムアップ・アプローチ …… 158

ま 行

負け犬 …………………………… 166
マネジメント・コントロール … 30
ミッション ……………………… 14
ミッション・ステートメント … 27
メニューエンジニアリングの方法 163
メニュー価格の算定 …………… 160

や 行

予算作成プロセス ……………… 98
予算・実績差異 ………………… 129
予算報告書 ……………………… 128

り 行

利益増加の PV 図表 …………… 88

利益増減率 …………………………… *85*
レストランの価格決定 …………… *159*
レーダーチャート …………………… *60*
労働分配率 …………………………… *58*

わ　行

ワークシート ……………………… *163*
割引料金 …………………………… *173*

著者略歴

1940年　茨城県磯原町生まれ

現　職
　　金沢大学名誉教授
　　経営学博士（明治大学）
　　非常勤教授，会社役員（監査役），その他

職　歴
　　千葉敬愛経済大学（現在：敬愛大学）
　　金沢大学経済学部・同大学院
　　愛知淑徳大学大学院ビジネス研究科

主要著書・論文
　　『組織の会計論』森山書店，その他多数

ホスピタリティ産業の戦略と会計
──サービス管理のシステム情報戦略──

2013年6月28日　初版第1刷発行

著　者　Ⓒ　吉村　文雄

発行者　　　菅田　直文

発行所　有限会社　森山書店　〒101-0054　東京都千代田区神田錦町1-10 林ビル
　　　　TEL 03-3293-7061　FAX 03-3293-7063　振替口座 00180-9-32919

落丁・乱丁本はお取りかえします　　印刷／製本・シナノ書籍印刷

　　本書の内容の一部あるいは全部を無断で複写複製することは，著作権および出版社の権利の侵害となりますので，その場合は予め小社あて許諾を求めてください。

ISBN 978-4-8394-2133-5